偽りの秀吉像を打ち壊す

山本博文◆堀新◆曽根勇二 編

柏書房

『偽りの秀吉像を打ち壊す』目次

第八章　大坂の陣をめぐる豊臣家と徳川家　白根孝胤　199

第九章　毛利輝元と大坂の陣　堀　智博　227

あとがき

序章

既成の秀吉像を打ち壊すということ

山本博文

本書は、『消された秀吉の真実――徳川史観を越えて』(柏書房、二〇一一年)に続く豊臣秀吉関係文書研究会の会員による二冊目の論文集です。論文集とは言いながら、読者対象としては歴史や豊臣秀吉に興味を持つ人すべてを想定しています。いわば最新の研究成果をわかりやすい言葉で一般読者にも提供しようというのがねらいです。

そのため、主に分析する史料には写真版を載せ、釈文(原本を読んで活字にしたもの)と現代語訳を付けています。かつ、引用する史料は厳選し、できる限り現代語訳を付けました。また、それぞれの論者の主張に関する主要な研究は詳しく分析しますが、それ以外の一般的な研究史への言及は最小限に留めました。

その代わり、中心的な史料を完璧に読みこなすため、さまざまな周辺史料を渉猟し、関係する歴史事実も深く検討して、立体的に分析しています。これは、本研究会の目指すところでもあります。幸い、前著は好意的に受け止められ、さまざまな場所で読まれているようです。前著に書評の労をとっていただいた大阪城天守閣主任学芸員の跡部信氏は、「本書が主たる対象とする読者層は歴史をより深く知ろうとする一般読者や初学者で、本文は丁寧な解説をまじえた講義調。とはいえ各論文は新説や問題提起を含んでいるので、研究者にも読みごたえがある」（『國學院雑誌』一一三巻八号、二〇一二年）と積極的に評価してくれています。

本書に収録した論文も、前著同様、新説や問題提起を数多く含んでいます。特に留意したのは、既成の豊臣政権論や秀吉像を打ち壊すことです。歴史叙述の通説を疑い、新しい史料の発見や史料の読み込みによって、新しい歴史像を打ち出すことに努めました。これまでも既成の歴史像を見直そうとした書籍は刊行されていますが、史料を恣意的に解釈して「新説」を打ち出した、とするものが目立ちます。本書の姿勢は、史料の正確な解釈を第一に置いているので、そうした書籍とはまったく違います。

文体は「ですます調」で柔らかいものですが、執筆の姿勢は論文を書くのとそれほど変わりません。ただ、こうすることによって、論文しか書いたことのない研究者でも自分の主張を人に伝えようとする姿勢が生まれ、独りよがりにならないという利点があるように思います。最近、研究者の伝える能力が劣化しているのではないかと書いた出版社の社長がいますが、本書については、主張の斬新さは当然のこととして、ほかの書籍以上に伝える努力をしているものと自負しています。

それでは、本書のカバーに使用した秀吉画像の来歴と、本書に所収した論文を紹介していきましょう。

カバーの秀吉画像

カバーで使った秀吉画像は、今回初めて紹介するものです。この画像は、筆者が審議会委員を務める宮崎県都城市の都城島津邸所蔵のもので、次のような付属史料が付いています。

【釈文】

豊太閤画像ノ写

天正年中、日向国都城ノ領主島津一雲〈当時地名ニ依リ北郷一雲ト称ス〉ノ臣白谷大炊左衛門画名卜斎《ぼくさい》ナル者、上京シ、狩野家ノ門ニ入リ、在学中聚楽第造営ノ事アリ。卜斎狩野家ニ従テ登第シ壁間ニ描ク。豊公一日其座ニ臨ム。卜斎間ヲ窺ヒ窃《ひそか》ニ公ノ真影ヲ写サントス。公之ヲ知リ、命シテ曰。汝吾真影ヲ写サント欲セバ須《すべか》ラク公然写スヘシト。卜斎頓首《とんしゅ》シテ命ヲ拝シ、再ヒ筆ヲ採リ写シ畢レリト云。他日携帯シテ国ニ帰リ数代白谷ノ家ニ保存セシモ、十年ノ兵火ニ罹《かか》リ、焼失ス。此写ハ兵火以前ニ画工石坂古洲ガ模写セシモノナリ。

今島津久家ノ家蔵ニ属ス。

【現代語訳】

天正年中、日向国都城の領主島津一雲〔当時地名によって北郷一雲と称した〕の家臣白谷大炊左衛門、画名を卜斎という者が上京し、狩野家の門弟となり、在学中に聚楽第造営の事があった。卜斎は狩野家に従って登第し、壁間の絵を描いた、秀吉は一日その場で見ていた。卜斎は隙を窺ってひそかに秀吉の顔を描こうとした。秀吉はそれに気づいて、「お前は俺の顔を描きたいなら、堂々と描け」と言った。卜斎は謹んでその命令に従い、再び絵筆を採って秀吉の顔を描き上げた。その後、その画を持って国に帰り、数代白谷の家に保存していたが、明治十年の兵火に遭って焼失した。この写は、兵火以前に画工石坂古洲が模写したものである。今、島津久家の家蔵となっている。

北郷一雲は、島津氏の有力家臣の一人です。その家来の白谷卜斎は、画を志し、狩野家の門弟となります。狩野家が聚楽第の障壁画を描いた時、卜斎もその一員として参加します。秀吉は、その作業を見守っていました。卜斎は、天下人秀吉の肖像を描きたいと思い、隙を窺って秀吉をスケッチします。すると、秀吉がそれに気づき、「俺の顔を描きたいなら、堂々と描け」

豊臣秀吉画像写

（都城島津邸所蔵）

と許します。そして描き上げられたのが、この肖像画の原本でした。卜斎はその画を国元に持ち帰り、子孫が長く伝えます。しかし残念ながら原本は、明治十年（一八七七）の西南戦争の時に焼失してしまったとのことです。ここに残ったものは、それ以前に石坂古洲という絵師が模写したものです。淡い色彩ながら、ほかの秀吉の肖像と似たもので、聚楽第造営の頃の秀吉の姿を彷彿させるものです。

聚楽第は、天正十四年（一五八六）二月に着工し、同年六月頃には四国・東国の各地より大量の木材が運搬されています。翌十五年初頭には庭造りが始まっていますので、この頃には建物がおおむね竣工したようです。狩野家が障壁画を描いたのは、天正十五年からのことでしょう。秀吉に服属した島津義久が上洛するのが同年七月、九月十三日には、秀吉が正式に聚楽第に移ります。白谷大炊左衛門が聚楽第の絵を描いたのもその頃のことでしょう。つまりこの秀吉画像は、五十一歳頃の秀吉の顔を描いたものだと考えていいようです。

堀　新「豊臣秀吉は征夷大将軍になりたかったのか？」

秀吉は、征夷大将軍になることを望み、足利義昭に養子入りを依頼しましたが断られ、仕方なく関白になったという話があります。これは、林羅山《はやしらざん》の『豊臣秀吉譜』に最初に出てくるものです。堀氏は、羅山が徳川幕府の御用学者であることから再検討が必要であると考えます。一方で、『多聞院日記《たもんいんにっき》』には、秀吉が正親町《おおぎまち》天皇から征夷大将軍任官を勧められたという記事もあります。堀氏は、この問題に関して、『兼見卿記《かねみきょうき》』『言経卿記《ときつね》』『宇野主水記《うのもんどき》』などの公家の日記を検討し、秀吉の将軍任官問題の真実に迫っていきます。それは、今なお影響の大きい源平交替史観を再検討する作業でもあります。

遠藤珠紀「消えた前田玄以」

正親町天皇の譲位に関する状況がわかる『中御門宣光記《なかみかどのぶみつき》』という史料があります。これは、これまで宮内庁書陵部所蔵の写本（柳原本）が使われてきました。ところが、国立歴史民俗博物館所蔵の田中穣氏旧蔵古典籍の中に原本とおぼしき史料（歴博本）があります。遠藤氏は、歴博本と柳原本を対照することによって、柳原本の中に、当時、京都所司代として豊臣政権の公家政策を担った前田玄以関係の記事がすっぽりと抜け落ちていることを明らかにします。これは、どうしてなのでしょうか。また、この歴博本は果たして中御門宣光の日記なのでしょうか。遠藤氏は、こうした疑問に答えると共に、もともと織田信雄《おだのぶかつ》が「京都奉行」に任じた前田玄以がなぜ、秀吉によっても重用されていったのかという問題に斬り込んでいきます。

片山正彦「『長丸』の上洛に関しての再検討」

長丸は、江戸幕府二代将軍となる徳川秀忠の幼名です。片山氏の論文は、新しく発見された天正十七年（一五八九）九月十七日付けの徳川家康書状を手がかりに、長丸の上洛がなかなか実現しなかった事情を考察しています。天正十四年十月に上洛して秀吉に服属した家康ですが、片山氏は、このことが直ちに両者に強固な主従関係が成立したとは言えない、と考えています。こうした視点から、長丸の上洛を検討し、両者の主従関係の諸段階を考えていこうというのがこの論文のユニークな視点です。

千葉一大「豊臣政権と北奥大名南部家」

秀吉は、服属させた地域にどのような政策を行なったのでしょうか。そしてそれを、豊臣政権に組み込まれた大名や地域の人々はどのように受け入れたのでしょうか。千葉氏は、この問題を、南部信直宛ての天正十八年七月二十七日付け秀吉朱印状を出発点に検討していきます。秀吉の強制した政策は、諸大名に対して体制変革を促し、それぞれの地域に安定的な領内統治を実現するための後ろ立てともなったという論点は、山口啓二氏の「際限なき軍役」論（『幕藩制成立史の研究』校倉書房、一九七四年）以来のものですが、千葉氏は、南部領においてはどのように進行したのかを丹念に追っています。

山本博文「秀吉と天皇」

朝鮮出兵の際に発給された後陽成《ごようぜい》天皇の宸翰《しんかん》を素材に、秀吉と天皇の関係について考えてみたのがこの論文です。従来、この宸翰は、発給年次も天正二十年（一五九二）説と文禄二年（一五九三）説があり、また位置づけは、天皇の政治的発言として高く評価する説が主流でした。しかし筆者は、これはどう考えても当時の天皇の政治的位置への過大評価だと考えていました。天皇といえども、生身の人間です。不安にかられることもあります。まして当時の後陽成天皇は、まだ二十歳そこそこの若者です。こうした視点から、宸翰を解釈し直し、さらに秀吉が関白として国政を担う当時の「国制」について自説を提示しました。

佐島顕子「文禄役講和の裏側」

文禄の役の講和は、小西行長《こにしゆきなが》が主導して行ない、秀吉もそれを容認していますが、結局は明《ミン》が提示した講和条件が秀吉の受け入れるところとならず、慶長の役へと繋がっていきます。佐島氏は、この講和交渉の推移を丹念に追っていきます。講和条件は、秀吉が当初示した方針と徐々にずれていきますが、しかしそれでも秀吉はある程度までは譲歩していきます。これはなぜでしょうか。また、秀吉の望み通りではないにしても講和を成立させようとした明の宮廷は、何を考えていたのでしょうか。この論文は、講和についての明の宮廷の論争などを、明史の研究文献を積極的に援用して生き生きと提示していきます。中国と朝鮮の事情についてこれほど深く検討した論文は、これまでの日本史研究にはなかったものです。また、現地調査の成果を生かした竹島倭城の位置づけも注目すべき論点です。

曽根勇二「秀吉による伏見・大坂体制の構築」

大坂城は、天正十二年（一五八四）から秀吉の根拠地ですが、関白になった秀吉は聚楽第を政治の中心地とします。関白職を甥の豊臣秀次《ひでつぐ》に譲った秀吉は、新たな政治の中心地として伏見城を築き、また同時に大坂城も整備していきます。曽根氏は、直臣団の伏見や大坂への移住を示す史料を手がかりに、主に材木の運搬という視点から、この首都としての伏見・大坂の機能を考察しています。曽根氏は、大坂の都市整備は秀吉死後も継続し、江戸時代の港湾都市大坂の基盤が、そこで形成されたとしています。こういう観点から見れば、大坂の陣を起こした家康の目論みにも新しい論点を加えることができるでしょう。

白根孝胤「大坂の陣をめぐる豊臣家と徳川家」

この論文で紹介された慶長二十年（一六一五）四月十二日付け豊臣秀頼書状は、秀頼の花押が捺されているたいへん珍しい書状です。内容は、家康の九男義直《よしなお》と浅野幸長《あさのよしなが》の二女春姫との婚姻への祝いを述べたものです。慶長十六年三月、秀頼が二条城に出向いて家康と会見した際、義直は弟の頼宣と共に出迎えを務め、会見後も二人で大坂城に会見の答礼の使者として赴きます。こうした関係から秀頼は、特に花押を捺した書状を送ったのでしょう。白根氏は、この時の徳川家と浅野家の婚姻を手がかりに、秀吉死後の豊臣家と徳川家の関係を考えてみようとしています。家康の諸大名との婚姻政策、先に述べた二条城の会見、同年四月の後水尾《ごみずのお》天皇即位に伴う三ヶ条の条々への諸大名の誓約など、大坂の陣への流れを明らかにしています。

堀　智博「毛利輝元と大坂の陣」

慶長二十年九月、方広寺《ほうこうじ》大仏殿の鐘銘問題を契機に、豊臣家と徳川家との間に戦争の機運が高まっていきました。秀頼は、特に父秀吉の恩顧を受けた西国大名に豊臣家へ味方して参戦するよう要請します。これらの大名の協力がなければ、すでに摂津・河内・和泉三ヶ国の大名の地位に落ちていた豊臣家の存続はおぼつかなかったからです。島津家など多くの大名が謝絶してくる中、毛利輝元だけが参戦要請を受諾した、という史料があります。堀智博氏は、毛利輝元が派兵したとされる佐野道可関係の史料、および派兵説のもう一つの根拠である毛利家家老福原広俊の密書を検討していきます。その中で、当時の噂の世界という興味深い社会相が明らかになってきます。

以上、本書に所収した九本の論文について、そのさわりだけを紹介してきました。それぞれの論文は、統一的な視点から書かれたものではないので、論者によっては見解の相違もあります。しかし、ある一点の史料を読み込むことによって、豊臣秀吉と豊臣政権についての新しい歴史像を提示しようという基本的な姿勢は一致しています。ほとんどの論文は、豊臣秀吉関係文書研究会で報告され、出席者が熱く議論しています。その中でさまざまな論点が提出され、また史料の解釈についても細かい言い廻しについてまで意見が戦わされ、それらの議論をもとに論文が執筆されています。これらの論文を読むことによって、今もなお新しい豊臣政権像が形成されつつあることを実感していただければ、編者にとってこれほど嬉しいことはありません。

第一章

豊臣秀吉は征夷大将軍になりたかったのか？

堀　新

はじめに

織田がつき　羽柴がこねし　天下餅
　座して喰らふは　徳の川

この有名な落首は、十九世紀の半ば、天保か嘉永の頃に詠まれたと考えられています。「徳の川」は「得の側」にかけて、織田信長・豊臣秀吉の苦労の上に、徳川家康は棚ぼた式に天下を取ったという風刺です（清水勲編『近代日本漫画百選』岩波文庫、一九九七年）。これをビジュア

歌川芳虎『道外武者　御代の若餅』

（国立国会図書館所蔵）

ル化した風刺画が、嘉永二年（一八四九）出版の歌川芳虎『道外武者　御代の若餅』です。手前で餅を搗《つ》いているのが信長、捏《こ》ねているのが明智光秀、後ろで餅をのしている猿顔が秀吉、そしてあぐらをかいて餅を食べる家康が描かれています。江戸幕府の正当性は、家康による戦国の終焉、泰平の世の招来にありました。これを揶揄したために、版元と作者は版木焼き捨てと手鎖五十日の刑に処されています。

しかし、このような歴史認識は幕府体制が揺らいだ幕末に特有のもので、江戸時代初期からずっと同じだったわけではありません。むしろその逆で、征夷大将軍となった家康こそが真の武家の棟梁であり、信長と秀吉は将軍になれなかったのだと、否定的に評価されていました。つまり信長は、平姓将軍は前例がないと正親町《おおぎまち》天皇に断られ、ずっと天皇と対立し続けました。秀吉は源氏になろうとして足利義昭に養子入りを願い出たものの断られ、将軍を諦めて仕方なく関白になったとされたのです。こうして徳川家康や将軍職をことさら神聖化・絶対化することで、江戸幕府は自らの正当性を主張していたのです。この徳川史観（将軍史観とも言います）は、現代人の歴史認識にも大きな影響をあたえています。現在でも、信長や秀吉が将軍になりたくてもなれなかったと信じている人はたくさんいます。

しかし、信長と秀吉は本当に将軍になりたくてもなれなかったのでしょうか？　天正十年（一五八二）の本能寺の変の直前に、朝廷が信長に「太政大臣か関白か将軍か」の三職に推任しますが、信長がこれを辞退したことが明らかになっています（堀新『織豊期王権論』校倉書房、二〇一一年）。天下を望む武将ならば、誰でも将軍任官を望むはずというのは、徳川史観そのものなのです。

1　豊臣秀吉への将軍推任

こうした思い込みから脱却するためには、一級史料ともいうべき同時代史料に基づいて検証する必要があります。前著『消された秀吉の真実――徳川史観を越えて』（柏書房、二〇一一年）では古文書を取り上げましたが、一級史料には古記録、すなわち当時の公家や僧侶が書いた日記などもあります。本書ではこうした古記録も取り上げたいと思います。

では、奈良興福寺の僧侶・多聞院英俊《たもんいんえいしゅん》が記した日記『多聞院日記』を見てみましょう。天正十二年（一五八四）十月十六日条には、次のような記事があります。

『多聞院日記』天正十二年十月十六日条（部分）

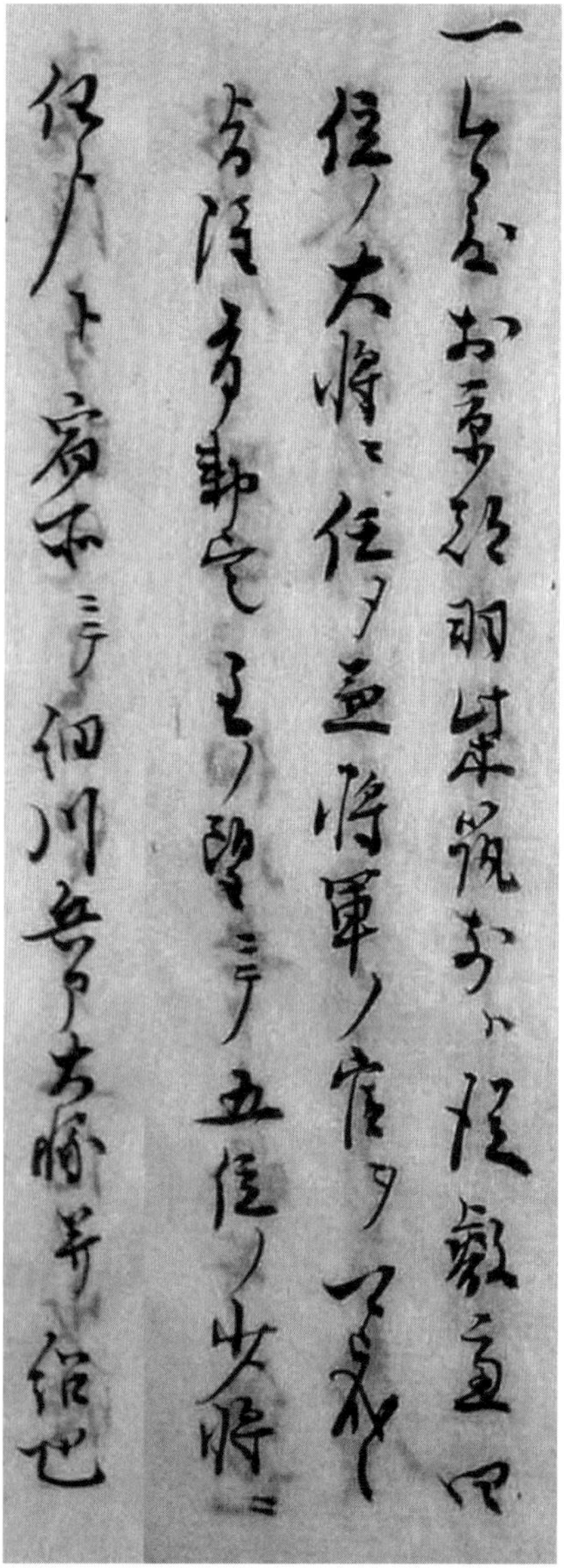

（金沢市立玉川図書館所蔵）

【史料①釈文】

今度於京都《きょうとにおいて》、羽柴筑前（豊臣秀吉）ハ従叡慮《えいりょより》四位ノ大将ニ任〆《にんじて》、兼将軍ノ官ヲ可被成《しょうぐんのかんをかねなさるべき》之旨、雖有勅定《ちょくじょうありといえども》、主《ぬし》ノ望ニテ五位ノ少将ニ任了《にんじおわんぬ》ト（後略）

【史料①現代語訳】

このたび京都では、秀吉が正親町《おおぎまち》天皇から四位・大将に任官して、征夷大将軍を兼ねるよう勧められたが、秀吉本人の望みによって、五位・少将に任官することになりました。

まずこの記事について、当時の時代背景も含めて解説しましょう。天正十二年は、豊臣秀吉（この時点では羽柴姓ですが、本章では便宜的に豊臣姓で統一します）が徳川家康と小牧・長久手で戦った年です。この戦いは家康の勝利と誤解されがちですが、東海地域に広がった戦域全体をみれば秀吉の勝利だったことは、前著『消された秀吉の真実』で述べた通りです。家康との講和交渉が進む中、秀吉は十月二日に近江国坂本から上洛し、四日に淀へ立ち寄った後、六日から十九日まで大坂に滞在しています（藤井讓治編『織豊期主要人物居所集成』思文閣出版、二〇一一年）。後述する『兼見卿記《かねみ》』の記述から、秀吉の任官は十月二日の出来事と判明します。ただ、この日は上洛した当日ですから、九月晦日からの坂本滞在中に内々に打診があったのかも知れません。この時秀吉は、正親町天皇から位階は四位、官職は近衛大将と征夷大将軍を兼ねるよう勧められたのです。しかし、秀吉本人の望みにより、位階は五位、官職は少将に任官し、征夷大将軍は辞退したようです。秀吉はこれまで無位無官だったので、いきなり高い官位につくことを遠慮したのでしょう。位階・官職ともに、勧められた官位よりも低いものになっています。もっとも、こののち秀吉は急速に官位昇進を重ねて、翌天正十三年七月には従一位・関白に昇進します。わずか一年足らずで官職の頂点を極めたのは、後にも先にも秀吉しかいません。

以上のように、将軍任官を勧められたにもかかわらず、秀吉はこれを遠慮して辞退したのです。天下取りを目指す武将であれば、誰でも征夷大将軍への任官を夢見るはずだという徳川史観の誤りは明らかでしょう。しかし、多くの歴史家は史料①を無視しています。それには二つの理由があると思われます。

まず、本文中の「主」の語意がわかりづらいことです。「主」はふつう「あるじ」「しゅ」と訓《よ》みますから、「主君」と解釈したくなります。この当時の武家社会は、信長が成し遂げようとしていた「天下一統」の枠組みが残存していました。これを「織田体制」といいます（堀新『天下統一から鎖国へ』吉川弘文館、二〇一〇年）。「織田体制」では織田家の家督継承者を、秀吉の主君とみなすことは可能でしょう。しかし、織田信雄《のぶかつ》は小牧・長久手の戦いの交戦相手ですから、「主」が信雄であるはずはありません。そうすると武家には該当者がなく、可能性があるのは正親町天皇しかいません。しかし、天皇自ら四位・大将兼将軍を勧めておきながら、天皇の望みによって五位・少将に任官するというのは矛盾しています。結局、史料①の内容はよくわからないということになってしまうのです。

実はある研究会で教えられたのですが、「主」は「ぬし」と読み、名詞ではなく代名詞として「わたし」や「本人」という意味もあるのです。『日本国語大辞典』（小学館）で確認して、驚いた記憶があります。史料①の場合、文法的には「わたし」（＝記主である多聞院英俊）とも解釈できますが、英俊の望みで秀吉の官位が下げられるはずはありません。したがって、「主」の語意は「本人」（＝秀吉）となります。五位・少将を望んだのは秀吉本人だったのです。秀吉はいつも自信たっぷりで遠慮などしない人物のようにイメージされていますが、この時は周囲、特に公家衆に遠慮していたのです。

第二の理由として、『多聞院日記』の信憑性への疑問が挙げられます。奈良と京都の地理的関係から、書き手である英俊の情報には誤りがあるため、記事をそのまま信じることはできないということです。確かに、『多聞院日記』には誤りもあります。例えば永禄十二年（一五六九）正月の本国寺合戦について、三好三人衆（三好長逸《ながゆき》・三好政康《まさやす》・石成友通《いわなりともみち》）が悉く討死したと記していますが、実際は三人とも生き残っています。ただし、この記事に続いて「ウソ也」とあり、石成は討死したが、長逸と政康は討死か行方不明とも記しています（同年正月七日条）。しかし、京都の公家山科言継《やましなときつぐ》の日記『言継卿記』でも三好三人衆の軍勢は大半が討死と記しており（同六日条）、石成と長逸の生存の噂はようやく翌日に記されているに過ぎません（同七日条）。しかも、勝利した三好義継が討死したという誤報も同時に記していますが（同七日条）、『多聞院日記』には義継の討死という誤りはありません。また、同年十月に信長が突然帰国した原因

『言経卿記』天正十二年十月四日条（部分）

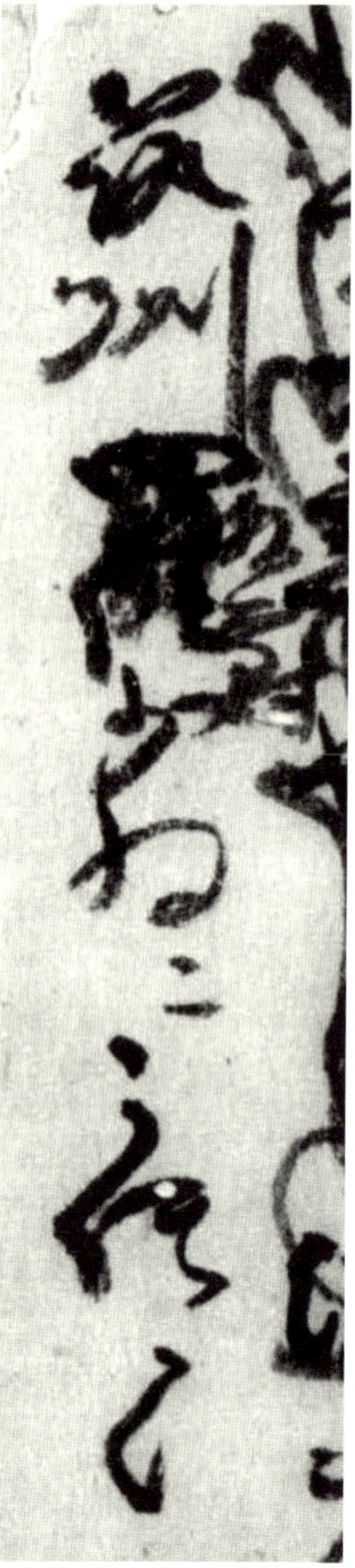

（東京大学史料編纂所所蔵）

を、足利義昭との衝突と正確に記しているのは『多聞院日記』のみです（同年十月十九日条）。奈良にいるから京都の記事には誤りがあると、単純には言えないようです。

一般論から言っても、史料には正確な記事と誤った記事が混在しています。ですから、一方的にこの史料は駄目だ、『多聞院日記』は信用できないと決めつけるのではなく、一つ一つの記事を他史料と突き合わせて検証するべきではないでしょうか。

なお、『多聞院日記』は戦前に活字化され、現在は『増補続史料大成』（臨川書店）に収録されて、よく利用されています。ただし原本は現存せず、興福寺に伝来する享保年間（一七一六〜三六）頃の写本が底本となっています。東京大学史料編纂所にその写真帳が架蔵されており、利用することができます。写本には写し間違いや記事の脱漏が避けられませんが、金沢市立玉川図書館近世史料館や国立公文書館内閣文庫に伝来する写本や抄本と校合したところ、いずれも同文でした。したがって、史料①に関する限り、その内容に写し誤りや脱漏の懸念は無用です。

では、『多聞院日記』の記事内容を、他史料と比較検討してみましょう。まず吉田神社の神官である吉田兼見《かねみ》の日記『兼見卿記』には、十月二日に秀吉が叙爵し、少将に任官したとあります（同日条）。叙爵とは五位に叙されることです。叙任を伝える勅使を迎えた秀吉は一段と御機嫌だった、とありますから、五位・少将という官位に満足していたのでしょう。誰かの横槍で四位・大将兼将軍の任官を妨害されたのではないことを示唆しています。

また、公家の山科言経《ときつね》の日記『言経卿記』にも、秀吉が五位・少将に叙任されたと記されています（十月四日条）。この記事で注目されるのは、いったん「四位」と記したあと、これを消して横に「叙爵」と記されていることです。言経は当初、秀吉の位階は四位と聞いたものの、のちに五位と聞き直して訂正したのではないでしょうか。つまり、四位に推任されたものの、秀吉の望みにより五位に叙されたという『多聞院日記』の記述を裏づけていると言えます。秀吉が四位・大将を勧められていたことは、本願寺顕如《けんにょしょうにん》上人の右筆《ゆうひつ》だった宇野主水《もんど》の日記『宇野主水日記』にも、秀吉を四位・大将・参議に推挙することが、天皇から関白一条内基《うちもと》に諮問されたとあります（十月三日条）。この情報は「京都より申来《もうしきたる》」とありますから、単なる噂ではないようです。この記事によれば、一条内基は四位・大将には賛成したものの、参議には反対して征夷大将軍を提案したのでしょうか。参議となれば、上級公家である公卿となります。これまでは「平人《へいじん》」（無位無官）であった秀吉を、一挙に公卿の仲間入りをさせることには抵抗があったのでしょう。

以上のように、『多聞院日記』の記事内容を『兼見卿記』『言経卿記』『宇野主水日記』といった史料と突き合わせてみました。その結果、秀吉が天皇から四位・大将を勧められ、結局は五位・少将に任官したことは間違いないと確認できました。

したがって、残るのは将軍推任のみとなります。一番肝心なことを直接裏づけることができないのは残念ですが、これも残存史料によることなので仕方ありません。しかし、『多聞院日記』の他の記述は裏づけられるのですから、将軍推任部分のみを誤りと断定することはできないはずです。むしろ、これも正確である可能性が高いとするのが妥当ではないでしょうか。

2　豊臣秀吉の「源氏改姓工作」

ここで視点を変えて、秀吉の「源氏改姓工作」を検討しましょう。秀吉が将軍任官を望んで足利義昭に養子入りを依頼して断られたという有名なエピソードです。徳川史観を象徴するような内容ですが、これは寛永十九年（一六四二）に成立した林羅山《らざん》『豊臣秀吉譜』に初めて出てくる話です（石毛忠「思想史上の秀吉」〔桑田忠親編『豊臣秀吉のすべて』新人物往来社、一九八一年〕）。

著者の羅山（道春《どうしゅん》）とは、どういう人物でしょうか。羅山は江戸幕府に仕え、ブレーンとして武家諸法度の起草や『本朝通鑑』などの歴史書を編纂しています。上野忍岡《しのぶがおか》に土地を与えられて私塾を開き、これがのちに昌平坂《しょうへいざか》学問所となります。羅山の孫鳳岡《ほうこう》（信篤《のぶあつ》）以降は大学頭《だいがくのかみ》となって江戸幕府の文教政策を主導しました。羅山は慶長十九年（一六一四）の方広寺《ほうこうじ》鐘銘《しょうめい》事件で、「国家安康」「君臣豊楽」の文言は徳川家康の首を刎ねて、豊臣家に天下を取り戻そうとする願いを込めたものと主張し、家康からの信頼を深めた人物です。典型的な御用学者と言えるでしょう。そして『豊臣秀吉譜』の奥書には、「台命《たいめい》」すなわち将軍家光の命令によって著述したと記されています。つまり『豊臣秀吉譜』は、江戸幕府の、江戸幕府による、江戸幕府のための歴史書なのです。

以上のことを前提として、『豊臣秀吉譜』の該当記事を分析していきましょう。原文は難解な漢文ですので、現代語訳だけではなく、読み下し文も掲げます。

林羅山『豊臣秀吉譜』（部分）

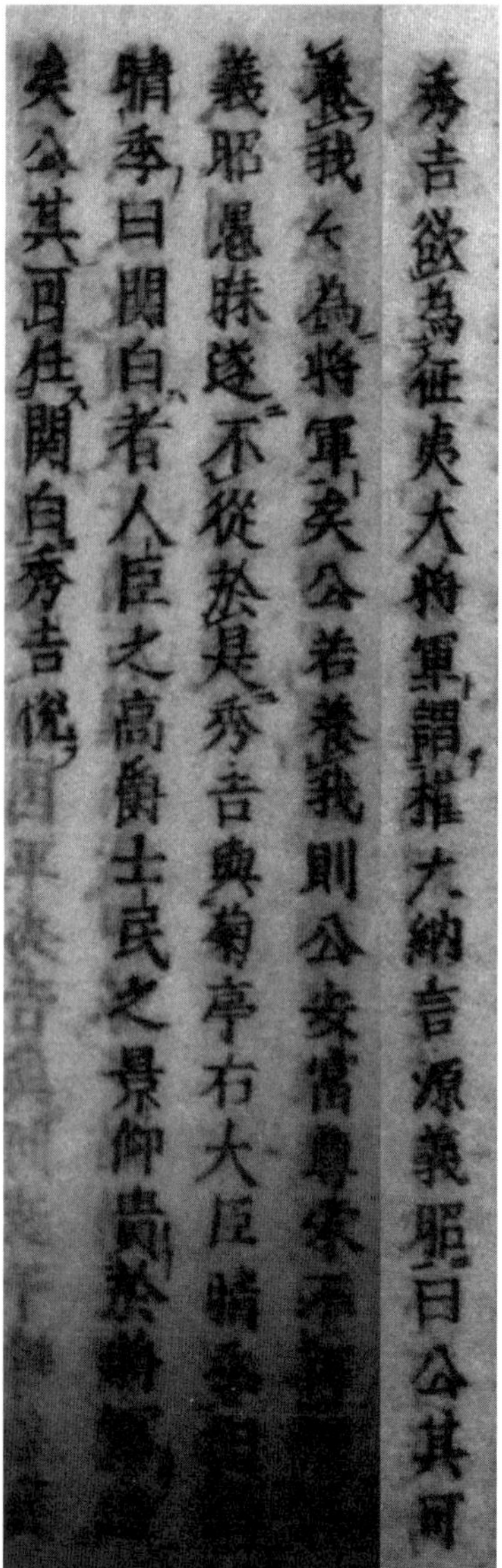
秀吉欲為征夷大将軍謂権大納言源義昭曰公其可
養我々為将軍矣公若養我則公安富尊栄不可疑焉
義昭愚昧遂不従於是秀吉与菊亭右大臣晴季相議
晴季曰関白者人臣之高爵士民之景仰貴於将軍遠
矣公其可任関白秀吉悦

（早稲田大学図書館所蔵）

【史料②釈文】

秀吉欲為征夷大将軍、謂権大納言源義昭曰、公其可養我、我為将軍矣、公若養我、則公安富尊栄不可疑焉、義昭愚昧、遂不従、於是秀吉与菊亭右大臣晴季相議、晴季曰、関白者人臣之高爵、士民之景仰、貴於将軍遠矣、公其可任関白、秀吉悦

【史料②読み下し文】

秀吉、征夷大将軍たらんと欲し、権大納言源義昭《（足利）》に謂《い》ひて曰《いは》く、「公《（義昭）》、其れ我《（秀吉）》を養ふべし。我将軍たり。公もし我を養ふならば、則ち公安《やす》んじて、富み尊く栄ふること疑ふべからず」。義昭愚昧にして、遂《つい》に従はず。是において、秀吉、菊亭《（今出川）》右大臣晴季《はれすえ》と相議す。晴季曰く、「関白は人臣の高爵、士民の景仰《けいこう》、貴きこと将軍に遥かなり。公《（秀吉）》、其れ関白に任ずべし」。秀吉悦ぶ。

【史料②現代語訳】

秀吉は征夷大将軍への任官を望み、足利義昭に次のように言った。「あなた（義昭）は、私（秀吉）を養子にすべきである。そうすれば私は将軍になれる。もし私を養子にすれば、富と尊敬と繁栄を保証する」。しかし、愚かな義昭はこの申し入れを断った。そこで秀吉は今出川晴季と相談した。晴季は「関白は人臣の最高位で、人々に仰ぎ慕われています。その高貴さは将軍をはるかに上回っています。だからあなた（秀吉）は関白になるべきです」と言った。これを聞いた秀吉は、大変喜んだ。

『豊臣秀吉譜』は、そのタイトル通り、秀吉の事績を年月日順に記した史料です。この部分に年代は記されていませんが、この直後の記事は天正十三年（一五八五）七月十一日の関白任官ですから、その直前の出来事として扱われています。秀吉は征夷大将軍への任官を望み、そのためにまず本姓を源氏に改姓しようと、足利義昭の養子になろうとしたというのです。この時点で秀吉の本姓は、織田信長と同じく平氏でした。しかし、将軍任官の条件が本姓源氏であれば、なぜ前年の将軍推任の際に、秀吉の本姓が問題にならなかったのでしょうか。

また、前述したように、天正十年の織田信長への三職推任では、三職の一つとして征夷大将軍が提示されていますが、信長が平姓であることを朝廷が問題視した形跡はありません。この当時、本姓源氏であることは将軍任官の条件ではなかったのです。したがって、秀吉が足利義昭に養子入りを頼む必要性はなく、このエピソードが羅山の捏造記事であることは明らかなのです。

では、羅山はなぜこのような捏造を行なったのでしょうか。それは、徳川家康が将軍任官の前年である慶長七年（一六〇二）に、「将軍望に付て」源氏改姓をしたからでしょう。家康が将軍任官のために本姓源氏に改姓した以上、羅山は源氏を将軍任官の条件とせざるを得なかったのです。これは将軍家光の意向でもあったのでしょう。家光は正保二年（一六四五）に家康・秀忠の官位叙任文書（辞令のようなもの）の再発行を朝廷に依頼した際に、藤原氏や豊臣氏であったものをすべて源氏に書き換えさせています（米田雄介「徳川家康・秀忠の叙位任官文書について」

『栃木史学』八、一九九四年）。江戸幕府将軍の多くは、将軍任官と同時に源氏長者にもなるので（岡野友彦『源氏と日本国王』講談社、二〇〇三年）、将軍家である徳川家の本姓は源氏でなければならなかったのです。そのため本姓源氏ではない秀吉は、将軍任官を望んでも叶わず、その上、足利義昭に養子入りを断られるという失敗談まで付加されて貶められたのです。「征夷大将軍＝源氏」という虚構は、徳川史観の核心だったことがわかります。

家康の本姓は藤原氏でしたが、その生涯で三度、本姓を源氏に改姓しています（岡野友彦「家康生涯三度の源氏公称・改姓」〔二木謙一編『戦国織豊期の社会と儀礼』吉川弘文館、二〇〇六年〕）。その理由はその度に異なるのですが、根底には家康の尊敬する祖父清康の源氏願望があると思われます。前著『消された秀吉の真実』でも述べたように、家康の将軍任官は、豊臣と徳川という「二重公儀」体制の下で行なわれた関ヶ原の戦いにおいて、豊臣系大名の軍事力によって勝利したという極めて特殊な状況下にあって有効な政治手法でした。徳川史観は、これをあたかも武家社会における普遍原理であるかのように主張したのです。

徳川将軍家が源頼朝以来の武家政権の伝統を受け継ぎ、さらには先行する信長・秀吉との差異を強調して、江戸幕府の正当性を主張するには、これに都合がよいものでした。このような絶妙なイデオロギー工作を考案した林羅山は、非常に有能なブレーンだったと言えるでしょう。そして江戸幕府による出版統制のもとで、将軍こそが本当の武家の棟梁であり、それは本姓源氏（中でも清和源氏）に限られるという言説が、諸書で二百年以上も繰り返し主張されました。その結果、現在でも多くの日本人が、信長や秀吉は将軍になりたかった、しかしなりたくてもなれなかったと信じ込んでいます。

これに対して、『豊臣秀吉譜』は征夷大将軍を絶対化していないという反論があります。山田邦和氏は、中日新聞の連載「歩いて楽しむ京都の歴史　秀吉はなぜ将軍にならなかったのか」の第五回（二〇一二年二月二十五日）において、前掲記事の後半部分にある今出川晴季の言葉に注目し、関白が将軍をはるかに上回る官職であるという記述は、「とうてい徳川将軍家の利益になるとは思えない」と述べています。

しかし、晴季の言葉は秀吉をなだめるために言った理屈です。これを文字通りに解釈して、将軍よりも上位だから関白を選んだとすることは正しくないでしょう。これが本当ならば、秀吉は最初から関白を目指したはずです。むしろ、こうした説明に騙されて、喜んで関白に任官した秀吉の愚かさを冷笑しているのではないでしょうか。山田氏も指摘されているように、羅山は晴季のもとで、北畠親房『職原抄《しょくげんしょう》』をテキストとして、日本の官職制度について学んでいます。この時に羅山は、晴季から「将軍よりも関白が上」と教えられたことでしょう。しかし、羅山はそれを真理として『豊臣秀吉譜』に記述したのではないのです。むしろ師匠である今出川晴季を、愚かな豊臣秀吉を説得した功労者として賞賛しているのです。

このように、羅山は徳川家康や将軍職を絶対化しつつ、豊臣秀吉の滑稽さを強調し、同時に師である今出川晴季を賞賛するという離れ業をやってのけたのです。虚構をベースにしながら、多くのことをここまで見事に説明できるとは、羅山はイデオローグとして極めて有能です。徳川史観が現在もなお大きな影響力を持っていることも合わせて、羅山には感心させられるばかりです。

3　源氏将軍観と源平交替説

ただし、羅山一人でこのような言説が形成されたのではありません。征夷大将軍は源氏であるべきという源氏将軍観が、中世社会、少なくとも戦国時代以前までは存在していたのです。鎌倉幕府の源氏将軍が三代で滅びたあと、最初は摂家将軍（藤原姓）、続いて親王将軍（無姓）が出現します。事実問題として言えば、将軍は本姓源氏に限られていません。

しかし、四代将軍となった九条頼経は、父方・母方とも頼朝の同母妹が曾祖母にあたり、さらには実朝の猶子《ゆうし》である竹御所（頼家の女）と婚姻し、実朝の娘婿となっています。本姓源氏ではないにせよ、源氏と無関係ではありません。そして青山幹哉氏によれば、頼経が将軍となった嘉禄二年（一二二六）に、頼経の本姓を藤原氏から源氏に改姓すべきという議論があったと言います。ただしこれは、摂関家の意向だったようです。藤原氏は摂関家の尊貴な本姓であり、将軍という東夷の主の本姓にはふさわしくないというのがその理由です。鎌倉幕府は藤原氏の氏神である春日大社に使者を派遣し、改姓しないという神判を得ました。もちろんこれは、幕府の意向を受けた「神判」でしょう。将軍権力の形骸化を進めたい執権北条氏は、源氏将軍としての継続性を忌避したのです。

しかし、親王将軍として二代目の惟康《これやす》王は、文永七年（一二七〇）に賜姓されて源惟康となります。これは当時の鎌倉幕府の実力者である安達泰盛《あだちやすもり》が源氏将軍に対して尊崇の念を持っていたことが原因です。また蒙古の脅威が迫っていた情勢から、将軍に学問のみならず武道の鍛錬が要求されていたという事情もあったようです。しかし、泰盛が滅ぼされた二年後、弘安十年（一二八七）に源惟康は親王宣下を受けて皇族に復帰し、源姓を捨てます。泰盛の源氏将軍志向が否定されたのです（青山幹哉「鎌倉将軍の三つの姓」〔『年報中世史研究』十三、一九八八年〕）。

以上のように、執権北条氏にとって源氏将軍は否定すべき存在でした。これに対して安達泰盛のように、源氏と源氏将軍を反北条勢力の旗印とする動きもありました。鎌倉幕府打倒の際、護良《もりよし》親王は北条氏の卑しい出自を批判し、足利尊氏は源氏の棟梁として貴種を主張します。

しかし、これらの源氏将軍観は同一のものではありません。川合康氏によれば、源頼朝は自らの貴種性を河内源氏嫡流の地位に求め、その始祖である源頼義を顕彰しました。頼朝が征夷大将軍を望んだのは、頼義の鎮守府将軍の伝統を継承しつつ、事実上の鎮守府将軍の地位にあった奥州藤原氏を超える、より高次の東国軍事支配者としての名分を求めたからです。当初から、征夷大将軍が武家の棟梁としてふさわしい地位とみなされていたのではありません。また足利氏は源氏一門として貴種ではありましたが、御家人身分に位置づけられた存在であって、源氏の嫡流ではありませんでした。南北朝内乱という厳しい軍事的緊張下で室町幕府を開設した足利氏は、頼義の子義家の直系を主張する一方、摂津源氏・多田源氏・大和源氏などの清和源氏全体の祖である源満仲まで自己の祖先として取り込みます。その結果、源氏の嫡流としての地位を確立したのです（川合康『鎌倉幕府成立史の研究』校倉書房、二〇〇四年）。

このように源氏将軍観とは、源氏の嫡流こそが武家の棟梁にふさわしい、その地位がふさわしいのは征夷大将軍である、というものでした。そしてそれは、自らの系譜や過去の歴史を都合良く改竄して源氏の嫡流になりすましつつ、軍事力によって国内統一を果たす中で形成されていくものでした。これは徳川史観もまったく同じです。羅山はこの伝統的な源氏将軍観を再生させたに過ぎないとも言えるでしょう。

しかし、応仁の乱を契機とした百年に及ぶ戦国動乱は、源氏将軍観を崩壊させてしまっていたようです。織田信長や豊臣秀吉は、それぞれ本姓の改姓をしていますが、その際に源姓を選びませんでした。信長・秀吉に対して、朝廷は征夷大将軍を勧めましたが、その時も本姓源氏ではないことを問題視しておりません。前例主義の朝廷ですら、源氏将軍にこだわっていないのです。徳川家康が征夷大将軍を選ばず、また三代将軍家光と林羅山が源氏にこだわらなければ、源氏将軍観は中世社会の遺物として消えていったかも知れないのです。

ところで、林羅山は源氏将軍観を再生させただけではありません。羅山が本姓に光をあてたことで、源氏か平氏かということは日本の歴史を解釈する重要なテーマとなりました。それが源平交替説です。平清盛を武家政権の始まりとし、その後は源頼朝、執権北条氏（平氏）、足利将軍（源氏）、織田信長（平氏）、豊臣秀吉（平氏）、徳川幕府（源氏）というように、源氏と平氏が交互に天下を取ったとして有名な議論です。

これを提唱したのは戦前の田中義成《よしなり》氏です。田中氏は、織田信長が藤原氏から平氏に改姓したのは、足利義昭から天下を奪い取るためとして、源平交替を革命思想と位置づけました（「信長と安土城」〈日本歴史地理学会編『安土桃山時代史論』仁友社、一九一五年〉）。多くの論者に受け継がれていますが、信長と秀吉とで平氏が連続するなど、論理的に合わない部分もあります。

有名であるが故に、俗説として学問的には顧みられることの少なかった源平交替説を、戦後において初めて本格的に検討したのが川合康氏です（「日本史のなかの源平交替説」〈『歴史読本』一九九六年五月号〉）。川合氏によれば、鎌倉幕府打倒の際には、執権北条氏は平氏とはみなされず、その低い出自が批判対象となったのみでした。源氏将軍が三代で途絶えたあと、平氏である北条氏が天下を取ったとみなされてはいなかったのです。事実、源平交替を唱えて源氏打倒・平氏打倒の軍事行動を起こした人物は一人もいません。田中氏の指摘する織田信長も、平氏を称したのは事実ですが、源平交替を主張したことはありません。信長が義昭批判の拠り所としたのは「天下」です（堀新編『信長公記を読む』吉川弘文館、二〇〇九年）。

しかし、源平交替は空理空論ではありません。田中氏は史料的根拠を明示していませんが、おそらく頼山陽『日本外史』が念頭にあったと思われます。同書巻一「源氏前記・平氏」（岩波文庫版）には、「源氏に命《めい》を梗《ふさ》ぐ者あれば、平氏に勅してこれを討たしめ、平氏に制し難き者あれば、源氏をしてこれを誅せしめ、更《かわるがわる》々相《あ》ひ箝制《けんせい》せしめて、以て控馭《こうぎょ》の術を得たりとなす」とあります。源氏が天皇の命令に背けば平氏に命じて源氏を討たせ、平氏の場合には源氏に討たせて、源平両氏を朝廷は源平両氏をお互いに牽制させ、うまく操ったと評価しているのです。この記述は源平交替を明記していませんが、結果的に源平両氏が「更々《かわるがわる》」武家の頂点に立ったことを意味しています。『日本外史』は文政一〇年（一八二七）に松平定信へ献上されたあと、天保七年（一八三六）頃に江戸、嘉永元年（一八四八）に大坂で出版されてベストセラーとなりました。

ただし、頼山陽は独自の史料分析や歴史考証を行なったわけではなく、『日本外史』の記述の多くは軍記物語が素材となっています。この箇所は、『平家物語』と『太平記』が下敷きになっているようです。例えば『太平記』巻七「新田義貞賜綸旨事」（岩波古典文学大系版）には「古《いにしえ》ヨリ源平両家朝家ニ仕ヘテ、平氏世ヲ乱ル時ハ、源家是ヲ鎮メ、源氏上《かみ》ヲ侵ス日ハ平家是ヲ治ム」とあります。源平両氏は朝廷に仕えていたものの、時折反乱を起こしたので、平氏が反乱すれば源氏が鎮め、源氏が反乱すれば平氏が治めたという記述は、『日本外史』と表現が異なるのみで、内容はまったく同じです。頼山陽はこの記述に、朝廷が源平両氏をうまく操ったという評価を加えたのみなのです。

　そして『太平記』の記述は、『平家物語』を下敷きにしています。『平家物語』第一本「八人ノ娘達之事」（延慶本《えんぎょうぼん》）に「昔ヨリ源平両氏朝家ニ召仕ハレテ、皇化ニ不随《したがわず》ハ、朝憲ヲ軽《かろん》ズル者ニハ、互ヒニ誡《いましめ》ヲ加ヘシカバ代（世）ノ乱《みだれ》モ無《なか》リシ」とあります。ここでは源平両氏が朝廷に仕えて反逆者を討ったことが述べられていますが、その反逆者が源平両氏であるとは明示されていません。「互ヒニ誡《いましめ》ヲ加ヘ」とあるので、それが源平両氏であることは示唆されてはいます。そこで『太平記』では、源平両氏の叛逆をお互いに鎮圧したと明示したのでしょう。

　以上のように、『平家物語』『太平記』『日本外史』という大ベストセラー作品の中に、源平交替思想が胚胎されていたのです。これらの影響からか、兎庵老人の記した『美濃路紀行』天正元年九月二十三日条などにも、源平交替思想の影響が認められます。正中元年（一三二四）と推定されている「吉田定房奏状」にも、源平交替思想を背景とした記述があります。しかし、源平交替思想が現実政治を動かすことはありませんでした。それが頼山陽を経て、田中義成氏によって源平交替という革命思想として強調されたのです。これを誇張や拡大解釈とみるか、思想的底流をとらえたものとみるかは、もう少し前近代の歴史書を丁寧に分析する必要がありそうです。いずれにせよ、『平家物語』『太平記』と『日本外史』の間に、林羅山による本姓源氏の強調が媒介されて、源平交替説へと発展したことは間違いないでしょう。

おわりに

「豊臣秀吉は征夷大将軍になりたかったのか」という設問の答えは「ＮＯ」です。これを織田信長に置き換えても、答えは同じく「ＮＯ」です。一級史料を見れば、それは明らかなのです。しかし、この正しい歴史認識を疎外しているのが徳川史観です。前著『消された秀吉の真実』でも述べたように、この徳川史観は、江戸時代に二百年以上も諸書で繰り返されたために、日本人の歴史意識に刷り込まれた状態になっています。

しかし、本章で述べたように、徳川史観は源氏将軍史観という「伝統」に則ったものでもあるため、より一層強固なものとなっています。戦国社会の混乱の中から成立した信長・秀吉の権力を「特殊」と決めつければ、話は簡単です。しかし、本章で述べたように、源頼朝も足利尊氏も、そして徳川家康・家光も、自らの地位の正当性を主張し確立するために、さまざまな工作を行なっています。もちろん、卓越した軍事力が必要なのは言うまでもありません。結果的に彼らは征夷大将軍に任官しましたが、その理由はそれぞれ異なっています。彼らは、その時々の状況に応じて、最も有効と思われる政治手法を選択したに過ぎません。しかし、特に江戸幕府は、それが特殊なものではなく、伝統的な「真理」にもとづく必然だったと主張したのです。

現代に生きる我々は過去の歴史を見る時、彼らの政治工作に惑わされることなく、正確な歴史分析を行なわなければなりません。そのためには、一級史料を読み込むことが必要です。前著と同じ主張ですが、本書でもこれを繰り返しておきたいと思います。

第二章 消えた前田玄以

遠藤珠紀

はじめに

前田玄以といえば豊臣政権の中枢に位置し、いわゆる「五奉行」の一人として著名です。特に京都所司代として京都市政や朝廷との折衝にあたりました。その存在を探ることは豊臣政権と朝廷との関係を検討する上で重要だと思われます。そこで本稿では玄以と朝廷社会の関係について、豊臣政権の初期、秀吉が関白となる天正十三年（一五八五）頃の様相を検討したいと思います。玄以は天正十一年に織田信雄《のぶかつ》の「京都奉行」、天正十三年に豊臣秀吉の「所司代」となったと考えられてきました。また秀吉が主体的に、朝廷に何かを申し入れることが可能になったのは、天正十四年初頭との指摘もあります。すなわち一つの画期となった時期と言えます。

ところで、この時期の大きな政治的課題に、正親町《おおぎまち》天皇の譲位問題があります。そしてこの時の譲位に関する状況がわかる史料に『中御門宣光記《なかみかどのぶみつき》』と呼ばれる日記があります（写真）。現代の日記と違って、中世の日記はその時の議事録や儀式運営のやり方を記録して、次回以降への引継資料とするという側面が強くあります。中でも特定の主題に関わる記録を「別記」と呼びます。『中御門宣光記』の場合には、タイトルに「日記　譲位・院御所之事」とあるように正親町天皇の譲位に関する相談・準備、祈禱命令などが主題になっています。天皇の交代は言うまでもなく、秀吉・朝廷双方にとっての大きなイベントになります。すなわち、この譲位に関する史料を読み込むことで、秀吉と玄以、そして朝廷の関係に新たな光をあてることができると考えられます。

1　正親町天皇の譲位と豊臣政権

『中御門宣光記』は天正十三年、十四年両年分にわたりますが、天正十三年分は四月七日から閏八月二十八日まで十一日分の記事があります。四月七日に菊亭晴季《きくていはれすえ》以下の十一人の公卿に譲位・院御所に関する記録の収集が命じられました。これを受けて公卿たちがさまざまな相談をし、摂関家や伏見宮、その他の公家・門跡から過去の天皇交代の時の記録を集めました。閏八月二十八日に一通りの取りまとめができたところでこの年の日記は終わっています。翌十四年分には宣光が奉者となった文書の控えなどが記されています。

まずは、写真に示した天正十三年四月七日条の釈文と現代語訳を掲げます。

【釈文】

今夕食に玄以、御方被来《きたられ》、相伴に勧亜相被来、此次従長橋局《ながはしのつぼねより》御触、懐中より出てみせらる、なり、其子細ハ譲位・院中之儀、摂家・清花・堂上へ悉《ことごとく》申、記録共之事申渡て以其上可馳走之由《そのうえをもってちそうすべきのよし》仰也、

前内府・日野前大納言・甘露寺《かんろじ》大納言・勧修寺《かじゅうじ》大納言・三条大納言・中山大納言・前藤中納言・日野中納言・日野新中納言・広橋中納言・予、十一人也、(下略)

【現代語訳】

今日の夕食に玄以が、息子重通のところにいらっしゃった。相伴に勧修寺晴豊がいらっしゃった。この折に長橋局からのお触れを、懐から出してお見せになった。その内容は譲位・院御所の儀について、摂関家・清花・堂上みなへ申して、それに関する記録などを提出す

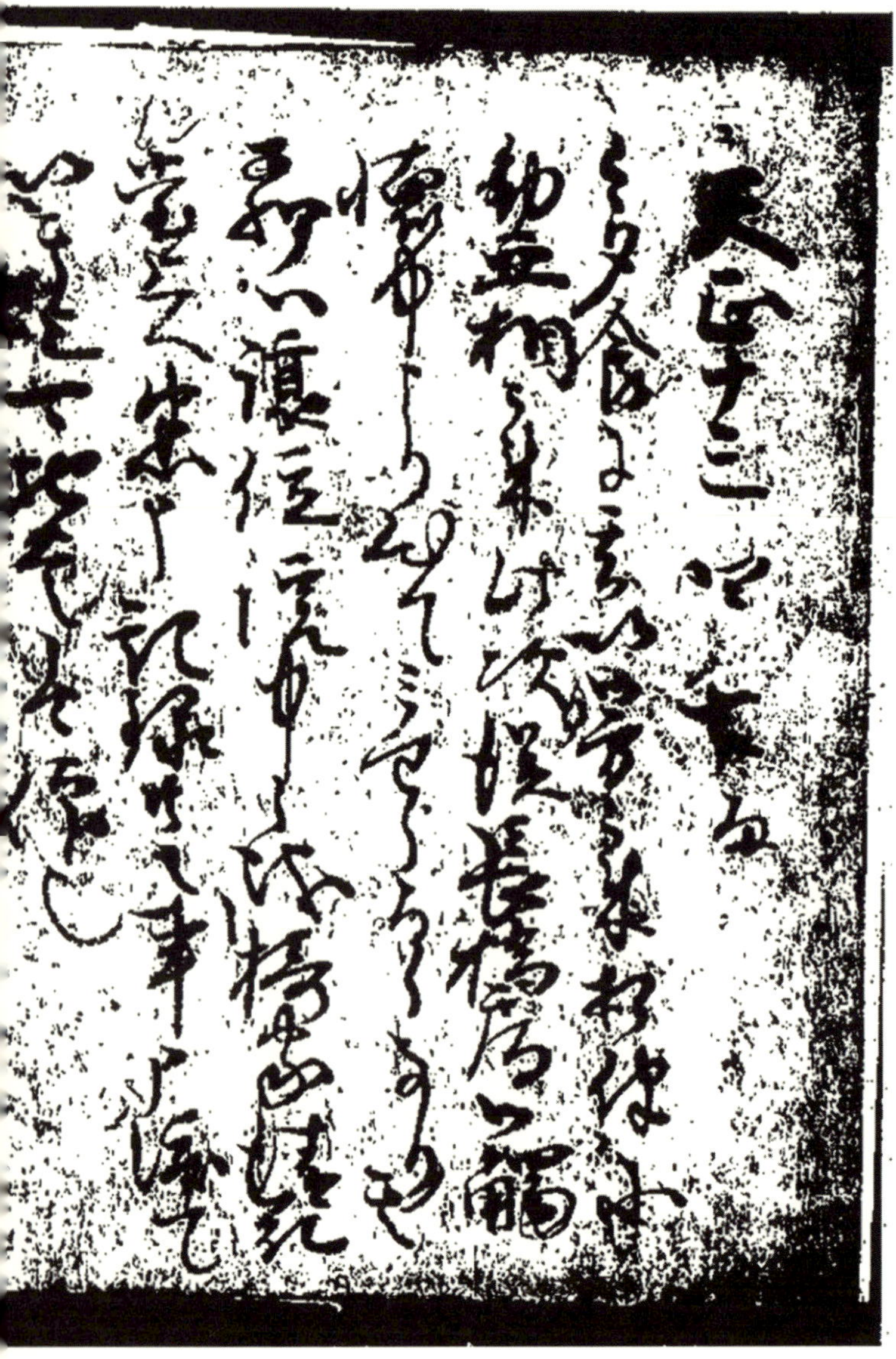

伝『中御門宣光記』天正十三年四月七日条（部分）

（国立歴史民俗博物館所蔵）

るよう申し渡して、その上で取り計らうようにとの仰せである。

担当者は菊亭晴季・柳原淳光・甘露寺経元・勧修寺晴豊・三条西公国・中山親綱・高倉永相・烏丸光豊・日野輝資・広橋兼勝・私の十一人である。（下略）

譲位のためにさまざまな先例を調べるように、という命令と担当者を伝える記事です。写真に掲げた『中御門宣光記』は現在、国立歴史民俗博物館所蔵の田中穣氏旧蔵古典籍の中に存在します。こちらを以下、歴博本と呼びます。これはおそらく当時記された原本です。

ところでこの『中御門宣光記』は、これまで宮内庁書陵部所蔵の写本が利用されてきました。これは江戸時代に柳原紀光という公家が、歴史書『続史愚抄』を著す時に集めた史料の一つです。これを以下、柳原本と呼びます。柳原本の同じ部分を掲げます。


勧亜相被来、此次従長橋局御触、懐中より出てみせらる、なり、其子細ハ譲位・院中之儀、摂家・清花・堂上へ悉申、記録共之事申渡て以其上可馳走之由仰也、（下略）

一見するとわかるように、最初の十数文字、「今日の夕食に玄以が息子重通のところにいらっしゃった。相伴に」の部分がなくなっています。その結果、玄以の存在が抹消され、行為の主体が勧修寺晴豊であるかのようになっています。本来は譲位の相談のために長橋局の状を携えて玄以がやって来た、という記事が、お供して来たはずの勧修寺晴豊を主語とする行動にすり替わっているのです。

ほかの柳原紀光書写本の奥書を見ると、紀光は明和年中（一七六四〜七二）に中御門家の蔵書を借用して写したり、購入したりしているようです（石田実洋氏の御教示を得た）。本記の入手時期はわかりませんが、おそらく同じく十八世紀後半と推測されます。当時の日記は、先に述べたようにマニュアルとしての性格を持っています。そのため、後世作られる写本には、もちろん忠実に作られているものもありますが、その時に必要な部分だけを抜き書きして、必要がないと思われる部分は省略してしまうことがあります。そこで柳原本と歴博本を比較してみたところ、数文字から一日分まるまる抜けているところ、また書写した人物の誤字と思われる相違点まで、多数の違いがありました（ご興味のある方は『大日本史料』十一編十四所収の柳原本と、同二十六所収の歴博本を比べてみてください）。またその違いは、今日の歴史学の視点からは大きな意味を持ちそうです。そこで以下、両本を比較しながら、この記録を読み直していきましょう。

翌四月八日では、玄以邸に公卿たちが集まり相談したのち、関白二条昭実《あきざね》の許へ行き、さらに「次長橋へ参り、玄以の申す旨を披露申すなり」とあります。玄以からの伝言を、長橋局という女官を通じて天皇に伝えているわけです。さらに一条内基・近衛信輔・九条兼孝の各邸を回っています。ところが宮中長橋局に参ったところからの数行が柳原本にはありません。

同様に五月七日条は、柳原本では歴博本の七日条前半が省略され、「上皇内外御服之事」の目録が載せられています。しかし歴博本によると、当日担当の公家たちはまず柳原邸に集まり、高倉永相が持参した「上皇ノ御服方目録」を確認しました。それから長橋局へ行き、さらに「玄以の小屋へ行き向かい、この旨を申し候」とあります。玄以は公家たちの案に賛成し、また院御所の安鎮法（地鎮祭）、御所内の天満宮について指示しています。公家たちはこの「玄以申し渡すの由」を再び宮中に戻って伝えています。柳原本ではこの指示の流れが省略されているのです。

さらに続く十一日条は、柳原本にはまるまるありません。この日、公家たちは勧修寺邸に集まりました。そこで玄以からの手紙が披露されます。内容は譲位の御道具、即位の御道具、院御所の御道具などのことでした。公家たちはそれについて相談し、関白二条昭実、長橋局《ながはしのつぼね》へ行っています。

全十一日分のうち、玄以の存在が消えている箇所は以上ですが、これらが消えることによって柳原本では玄以の存在感はほとんどなくなってしまっているのです。その他の変更箇所は公家たちの細かい行動など（公家たちが集まった時に、白粥などが振舞われた、甘露寺が体調不良で来なかった、内裏の火事など）であり、不要な情報と判断されたのだろう、とも推測されます。

ではこの時期の玄以はどのような立場だったのでしょうか。この点については次節で見ていきますが、その前にもう一つ、気になる点があります。『中御門宣光記』と表紙には書かれていますが、この記録は本当に中御門宣光の日記なのでしょうか（鴨川達夫氏の御教示を得た）。細かい説明は省きますが、居並ぶ公卿の中での序列などを考えると、実際には宣光の父庭田重保の日記ではないかと思われます。宣光は中御門家という中級公家の人物で、この時には蔵人《くろうど》左少弁《さしょうべん》という役職でした。これは儀式を行なう時に、いわば幹事として諸事を執り行なう重要な役職です。しかし、この時宣光はまだ数えの十七歳でした。中御門家では、天正六年に前当主宣教が早世し、後継ぎがいませんでした。そのために庭田家から三男宣光が養子に入り（後世の家譜では宣教の娘と結婚したとあります）、翌年には十一歳ながら朝廷の仕事をするようになります。この時期、宣光が担当した文書なども残っていますが、まだ幼い本人が務めたとは思えません。どうも実際の仕事は、この時権大納言だった実父の重保や養母がフォローしていたようです。重保は織田信長の時代にはいわゆる五人の奉行の一人を務めるなど、朝廷で重きをなした人物でした。

天正十三年頃には、宣光もようやく成長して自分でも仕事をするようになってきたのでしょう。ほかの公家の日記などへの登場頻度も多くなっています。また中御門家はこれ以前の数代、姻戚である駿河の今川氏の許に在国することが多く、朝廷の仕事に関するマニュアルの蓄積やサポートも充分ではなかったと考えられます。そのためかこの時期、重保は若い息子のために心を砕き、仕事の参考となる作法書などを書き与えていたようです。この『中御門宣光記』もそうした心づかいの一つだったのではないでしょうか。重保の日記が『中御門宣光記』と誤って伝えられたのも、中御門家に伝えられたためと思われます。重保の親心が知られます。

2　京都所司代の成立

さて従来の研究では、玄以は天正十一年五月末に織田信雄により「京都奉行」に任じられ、後には秀吉の「所司代」となったと考えられています。そして「所司代」となったのはいつか、という点が、豊臣秀吉の権力確立過程と密接なものとして検討されてきました。

早く京都所司代についてまとめたのは朝尾直弘氏です（「京都所司代」〈『京都の歴史』四、学藝書林、一九六九年〉）。朝尾氏は、天正十三年七月の秀吉関白任官期には、秀吉にはまだ十分な力が無く、「所司代の設置は、聚楽第の完成と、そこを中心とした政治の開始と無関係ではあるまい」と指摘し、天正十五・六年頃を成立期としています。

これに対して、伊藤真昭氏は、関白任官時には既に秀吉に十分な力があると批判しています

（『京都の寺社と豊臣政権』法藏館、二〇〇三年）。伊藤氏は、玄以が秀吉の関白任官直後に昇殿を許された点を重く見ています。秀吉は玄以を昇殿させることによって、朝廷の公家と同等な「官位はともあれ所司代ならば宮家や摂関家とも面談できる」地位にしたとしています。あわせて「所司代」という表現が天正十三年八月に初めて見えることから、それ以前の成立を指摘しています。秀吉の関白就任は、摂関家の近衛信輔《このえのぶすけ》と二条晴良《にじょうはれよし》の関白争いに乗じる形で実現しました。この両家の争いの時に、近衛は玄以が「別而入魂」であるとして頼っています（『近衛文書』〈『大日本史料』天正十三年七月十一日条〉）。こうした摂関家との関係性、および同年四月時点で玄以の加判した枡が存在することにより、天正十三年三月の秀吉の任内大臣が一つの契機となったと考察しています。つまり三月に所司代が成立し、七月に確立したとの二段階説です。そして「京都奉行と所司代の相違は、朝廷に対して窓口となり得るかどうかであった」と指摘しています。伊藤氏は玄以の膨大な発給文書等を網羅的に集め検討されており、現在の玄以研究の基盤となっています。

　ところで京都の上賀茂神社では、天正十一年五月末の「京都奉行」就任の翌月六月に初めて玄以へ挨拶に行ったようです。この月の上賀茂社の職中算用状（収支決算書）には「所司代玄以へ初而御礼」として付け届け用の費用が計上されています（『賀茂別雷神社文書』Ⅱ―Ⅰ―四〇一）。また、あとで触れますが、聖護院道澄が遠方の毛利家中（安国寺恵瓊か）に宛てた書状でも、秀吉の内大臣任官以前に玄以を「所司代」と呼んでいます（「汲古帖」〔『大日本史料』天正十三年三月十日条補遺〕）。すなわち史料上では、秀吉の任内大臣以前から玄以は広く「所司代」と呼ばれていたと言えます。このほか玄以は同時期に、「洛中執事」（『南陽稿』）とも称されています。先行研究で、当初の玄以の立場が「京都奉行」とされてきたのは、任命を示すとされる文書に「京都奉行職の事申し付けおわんぬ」とあるためでしょう（「古簡雑纂」〔『大日本史料』天正十一年五月二十一日条〕）。しかし要点は京都の担当者ということはないでしょうか。

なお「所司代」という職は、室町幕府の時から存在し、侍所《さむらいどころ》の下で京都の警察権や市政権、土地関係の裁判などを担当していました。秀吉の時代には、侍所―所司―所司代という組織が置かれたわけではなく、いわば通称です。史料上に見える「所司代」、つまり同時代の人々の認識では、伊藤氏が注目する朝廷に対する権限の有無ではなく、洛中の権限を持つ人物を「所司代」と呼んでいたと考えられます。またこの任命は当初、織田信雄によるもので、その後玄以は、天正十一年六月から九月頃、妙顕寺城の普請までに秀吉に従属すると指摘されています（尾下成敏「清須会議後の政治過程」〔『愛知県史研究』一〇、二〇〇六年〕）。しかし五月末の任命から、数ヶ月というのはあまりにも展開が早くはないでしょうか。朝廷からも天正十一年六月十一日に「筑前申つけ京を知り候物とて玄以と申物」（秀吉の命令により京都を治める者である玄以という人）に贈り物をしています（『お湯殿の上日記』同年六月十一日条）。少なくとも朝廷では、初めから玄以を筑前守秀吉が任じた京都担当者と見ていたようです。

　では豊臣期における学術用語としての「所司代」は、と考えると、先述のように伊藤氏は「京都奉行」と「所司代」の違いは、「朝廷に対して豊臣政権の窓口となりうるかどうか」であるとしています。「所司代」が朝廷関係の業務を行なうようになったのは、室町期とは異なる性格ですので、確かに一つの特徴と考えられましょう。この朝廷との関わりについて、朝尾氏は天正十七年八月、仁和寺門跡の就任に対する関与を嚆矢とし、次第に内部への干渉に進んだと指摘しています。また矢部健太郎氏は、秀吉からの初めての主体的な使節の派遣を天正十四年二月二日の伝奏任命とし、秀吉が参内や天皇への使節派遣を行なうことが不可能だった時期の存在を指摘しています（『豊臣政権の支配秩序と朝廷』吉川弘文館、二〇一一年）。

　では、今回紹介した『中御門宣光記』歴博本を読み直すとどのように考えられるでしょうか。従来、正親町天皇譲位の時は豊臣伝奏が集まっているが、後陽成天皇の譲位には所司代も関与しており、そこに段階差が見られると考えられてきました（伊藤氏前掲書など）。しかし一節での検討を踏まえますと、正親町天皇の譲位にあたっても、公家たちが万事に玄以の指示を仰いで動いている様子がわかります。この譲位の遂行に関して、玄以、そしてその背後の秀吉の主導性は明らかなのではないでしょうか。秀吉は、この時期からすでに朝廷内部に対して発言力を持っていたことになります。また伊藤氏や矢部氏が検討された秀吉から天皇への申し入れの初見も早まることになろうかと思います（なお両氏の間で議論になっている『お湯殿の上日記』天正十四年二月二日条に見える「伝奏」の任命は、筆者は「豊臣伝奏」ではなく、儀式伝奏の一つである即位関係の伝奏の事例と考えます。遠藤珠紀「『豊臣伝奏』の成立と展開」〈『東京大学日本史研究室紀要別冊　中世政治・社会史論叢』近刊〉）。さらにこの細かなやり取りの中で、逐一秀吉に確認を取っているとは考えにくく、かなりの部分が玄以の独自判断に委ねられていると推測されます。

次に、こうした発言権の獲得はいつ頃からなのかということになりますが、この史料を見てみますと、譲位・即位の準備と院御所造営が一体のものとして語られています。正親町天皇の譲位後の住居である院御所は、天正十二年十月四日に縄打が行なわれ、工事が開始されました（『兼見卿記』同日条）。これは秀吉が主導し、玄以が普請奉行を務めていました（『言経卿記』天正十二年十一月二日条など）。すなわちこうした関係は、少なくとも天正十二年十月の工事開始時以前に遡らせて考えることができます。天正十二年の十月に秀吉は、無官から五位少将になり、十一月には権大納言になります。そして妙顕寺城《みょうけんじじょう》に政庁を築き、玄以はそこで執務を行なうようになります。この時期には本格的に朝廷との交渉を進め、介入も行なうようになっていたのでしょう。ただし、これも一つの画期であるとしても、制度的なものではなく、「京都奉行」から「所司代」への転換、とまでは言えないのではないでしょうか。史料に見える通り、玄以は天正十一年に「所司代」と呼ばれる立場に任じられた、と考えて良いように思います。

3　玄以の前半生

ここまでは、秀吉の内大臣、関白任官以前から玄以が朝廷と関わりを持っていたことを述べました。ところで伊藤氏も朝尾氏も、画期となり得る契機として秀吉の任官を挙げています。しかし当時の朝廷官位にそんなに力があったのか、という素朴な疑問があります。また三月に「所司代」が成立し、それから摂関家近衛家と「入魂」とまで言われる関係を築き、七月に確立する、とはあまりに時期が接近し過ぎてはいないでしょうか。さらに確立、という表現からは、あたかも「所司代」という定まった組織があったかのように見えます。しかしながら、先述のように「所司代」と呼ばれる役職は室町時代から、江戸時代までずっと存続しました。同じく「所司代」と称されてはいても、その性格はそれぞれであり、「所司代」という厳然とした機構が存在したとは考えにくいのではないでしょうか。秀吉期の「所司代」もその時々の情勢の中で、徐々に権限やその範囲が定まっていった組織であると考えられます。さらに言えば、ある組織の立ち上げ期には、秀吉の任官という外形的な要素だけではなく、そのトップである人物の属人的な要素、つまり志向や人間関係が大きな意味を持つと考えられます。このような視点から、次に玄以の前半生を追っていきます。

天正十一年（一五八三）以前の玄以については、実はよくわかっていません。『宇野主水日記』などの当時の記録や『信長記』にわずかに登場し、織田信長の長男信忠に仕えていたようですが、出自なども不明です。後世の記録には尾張あるいは美濃の僧で、禅僧あるいは比叡山僧と相反する伝承が記されています。「前田玄以」と呼ばれますが、玄以本人が前田を名乗っていたかも疑問視されているのです（伊藤氏前掲書）。なお確認できる号には、天正十一年以前の「半夢斎」、天正十二年初頭の「策勝軒」があります。天正十二年二月に法印に叙され、「民部卿法印」と呼ばれるようになり、文禄五年（一五九六）以後は「徳善院僧正」と称しています。

さて玄以の前半生を垣間見ることのできる史料の一つに、その葬儀の折の史料があります。玄以は慶長七年（一六〇二）に六十三歳で亡くなり、その葬儀は禅宗式で行なわれました。禅宗の葬儀では、入棺や火葬の火をつける際などの節目ごとに法語が読まれます。玄以の葬儀では南《なん》化《か》玄興《げんこう》などの親交のあった僧たちが勤め、その法語が残されています（『南化玄興遺稿』）。また南化玄興は、玄以が亡くなった直後の玄以の肖像画に画賛を付しています。これらで述べられた玄以像は、むろんいくらかの誇張、過褒はあるでしょうが、同時代人の認識を示していると考えられます。そこでまず、これらから生前の玄以の像を描いてみます。南化玄興起《き》龕《がん》法《ほう》語《ご》には「名を洛下にもとめ、跡を岐陽に遺す」（京で名を挙げるため、美濃から出てきた）とあり、美濃出身と推測できます。さらに妙心寺霊洞院蔵前田玄以肖像画の南化玄興賛には「直に弓矢を抛《なげう》ち、伽梨（僧服）を着す」とあり武家出身であったことも窺えます。

また玄以は法体ですが、江戸時代の『聞耳集』では「元来禅僧にて」とし、新井白石のまとめた『藩翰譜』、『武功雑記』、『系図纂要』では比叡山僧としています。朝尾氏はおそらく前者を採り、もと禅僧であったため「京都の伝統勢力の扱いに心得があった」と推測しています。これに対して、伊藤氏は玄以が法印・僧正という僧位僧官を得ていること、また肖像画の服装表現などにより禅僧ではなく比叡山僧であろうと指摘しています。また『寛政重修諸家譜』では村井貞勝の女婿とされており、織田期にほぼ唯一残る発給文書が美濃の寺院宛てであることから、寺社に対する心得のある能吏であることが、所司代起用の理由とされたのであろうとされています。

「京都の伝統勢力」との関係については、次節で改めて検討しますが、そもそも玄以を正規の僧と考えてよいのでしょうか。先述のように葬儀は禅宗で行われ、墓も妙心寺にあります。南化玄興の起龕法語・秉炬《ひんこ》法語には「従前儒道を尊び仏陀を仰ぐ」「教を学び禅を学ぶ」「文をよくし武をよくす」「即ちこれ地行仙、僧に似て僧に非ず、俗に似て俗に非ず、元これ同体、仏に逢いては仏を説き、祖に逢いては祖を説く、あたかも禅に会うがごとし」とあります（『南化玄興遺稿』）。こうした表現を見ると、少なくとも南化玄興は玄以が儒学・仏教に造詣が深いことは認めていても、正規の僧とは認識していないようです。当時、法体の元武士というのは、しばしば存在します。法印・僧正位に関しても、例えば武田信玄など、出家した武将が任じられることがあります。俗人の官途と同様、所司代を務める中で朝廷内での位置づけが必要だったために、任じられたのではないでしょうか。

4　文化人としての側面

では「京都の伝統勢力」との関係はどのようなところから生じたのでしょうか。玄以の活動の中で、これまで歴史学では触れられていない面に、文化人としての側面があります。この側面に注目すると、京都奉行となる以前、織田期からの玄以の存在を窺うことができます。

表1に、天正十三年（一五八五）以前で玄以が連歌会へ参加していることがわかる史料をまとめました。早くは天正六年・九年にも参加記録が残っています。同席しているメンバーを見ると、細川幽斎《ゆうさい》、また里村紹巴《さとむらじょうは》をはじめとする当時の有力な連歌師と同席しており、天正六年までにはある程度の連歌作者として認められる存在であったことが窺えます。また連歌を詠む順番や里村昌休追善和歌に連なっていることからも、この時点で玄以が重んじられる立場にあったことがわかります（木藤才蔵『連歌史論考』下、増補改訂版、明治書院、一九九三年）。玄以の死後、追善連歌が催されていますが、その序文には「徳善院僧正、歌の道に心さし浅からさ

表1　前田玄以連歌関係資料（〜天正13）

年	月	日	参加者（出詠順）	出典	備考
天正6	2	28	玄旨（細川幽斎）、玄以、道澄、紹巴、了倶、昌叱、心前、文閑、宗色、梅松	何路百韻	脇句。10句。但し、天正12年の誤りか。
天正6	8	25	紹巴、藤孝、玄以、昌叱、宗波、心前、津田宗及、重然、虎松	何人百韻	於東寺長岡兵部大輔殿興行。13句。
（天正7カ）	仲春		先年在京之刻（中略）半夢公御興行付而一順之事談合之砌、以外御働無並次第、乍偏御遠意ありて之事と相見候、	連歌師有琳書簡	
天正9	3	12	紹巴、良三、昌叱、玄以、心前、久楽、了嘉、宗也、光隆、道与、紹与、似運	何船百韻	9句。
（天正12）	1	1	策勝軒玄以天下の職あつかり給ひて始ての年の元日に	松永永種試筆	『松永貞徳の研究』
天正12	2	28	玄旨、玄以、道澄、紹巴、了任、昌叱、心前、文閑、宗色、梅松	何路百韻	脇句。10句。
天正12	9	13	玄以、紹巴、昌叱、宗牧、心前、正繁、孝与、快真、道与、紹与、紹清、重隆、宗知	何人百韻	発句。11句。
天正12	10	8〜10	義性、玄以、紹巴、心前、宗及、英怙、津田正繁、文閑、昌叱、道澄、孝也、宗色、既在、非云、全底、能札、宗知	里村昌休三十三回忌千句連歌	10番中、2番の発句。6番の三句。9番の脇句。
天正13	1	26	義性、心前、玄旨、道澄、玄以、紹巴、昌叱、文閑、英怙、宗色、玄仍	何山百韻	10句。
天正13	1	28	玄以、日野輝資、玄旨、道澄、義性、広橋兼勝、高倉永孝、紹巴、昌叱、心前、宗色、良薫、速水友益	何船百韻	発句。9句。
天正13	2	1	今日於玄以宿所連歌張行	兼見卿記	幽斎ら参加。
天正13	5	27	紹巴、玄以、道澄、玄旨、義性、昌叱、心前、文閑、英怙、津田正繁、玄仍	何船百韻	脇句。10句。

心前：紹巴弟子。連歌師。宗及：津田。堺の豪商。茶人。紹与：連歌師。玄仍：紹巴の息子。文閑：四条道場僧。能札：北野松梅院。石井英怙：連歌師。

り し故に、三十年余したしみ深く侍りしに」とあります（国会図書館所蔵『連歌合集』四十。紹巴の高弟里村紹叱作と推測されています）。慶長七年（一六〇二）まで三十年あまり親しく付き合った、ということは、玄以が三十代初めの元亀年中（一五七〇～七三）から交流があったことになります。このほか、所司代就任以前の玄以と紹巴との関わりでは、天正十年九月に「詠歌大概」「百人一首抄」を著し与えられていることが奥書から知られます（いずれも宮内庁書陵部所蔵）。

ただしこのような関係には、権力者の家臣としておもねられている面も存在したようです。この時期の紹巴一門は、連歌の家元として確立しつつある時期で、他流の連歌師からは権力者に取り入っていると非難もされていたからです。天正七年頃、陸奥連歌師三甫が上洛し、紹巴と面談・論難した折のことを記したとされる「紹三問答」という文章があります（木藤氏前掲書）。その中に「是は濃州に玄仁と曰人のあひさつ也、此句又あしし、其故は玄仁は君に奉公のみして時にあへる人也、其心を道うるやと也」とあります。里村昌叱が「濃州の玄仁」、おそらく玄以、を「連歌の道の心を得ている」と賞賛したようです。それに対して、玄以は主君に奉公を尽くして、現在権勢がある人であって、その人に「道を心得ている」とは何事か、と非難しています。また連歌師有琳という人の書簡もあります（岩下紀之『連歌史の諸相』汲古書院、一九九七年）。この人も天正六年頃に上京して、紹巴にも会ったようですが、その折に半夢公（半夢斎玄以）が連歌会を興行すると相談していた時に、非常に心配りをしていた、これは「遠意」（思惑）があってのことだろう、と述べています。このように紹巴一門と玄以との関係が非難の材料となるのは、逆にそれだけ玄以の存在が目立ったということでしょう。

次に検討したいのは、このような連歌会の場を通じた人の繫がりです。連歌は寄合の文芸とも称されるほどで、同席者との関係は密でした。そこで見ていくと、まず聖護院道澄《しょうごいんどうちょう》・大覚寺義性《だいかくじじぎせい》が目につきます。この二人はともに近衛前久《このえさきひさ》の弟にあたる人物で、政治的活動も多くみられます。井上宗雄氏によれば、戦国期の近衛家は和歌・連歌界のパトロン的役割を果たしており、天正四年頃より道澄・義性を一つの中心にサロンが形成されていました（『中世歌壇史の研究　室町後期　改訂新版』明治書院、一九八八年）。中でも紹巴とは関係が深かったようです。先述のように、近衛信輔は玄以と「別而入魂」であり「法印もひいきたる」ため、関白職をめぐる争いの折に、玄以から情報を得、秀吉への執り成しに助言を受けています（前掲「近衛文書」）。玄以はかなり近衛家寄りだったのです。伊藤氏は、この記事から秀吉の任内大臣から関係を持つようになり「入魂」になったとされています。また、水野智之氏は天正十二年の佐久間道徳謀反事件をきっかけに、近衛家は秀吉に一層の忠節を尽くすことを申し出、入魂関係が築かれたと指摘しています（「小牧・長久手の戦いと朝廷」〈藤田達生編『近世成立期の大規模戦争　戦場論』下、岩田書院、二〇〇六年〉）。そうした面があったにしても、それ以前から玄以が紹巴との関係を通して、近衛家の文化サロンにも出入りする機会があり、近衛家との関係を醸成していた、

表2　前田玄以和歌関係史料（〜天正13）

年	月	日	出典	詞書・記事
（天正12）	8	15	時慶卿集	八月十五夜〈相国寺方丈にて玄以法印興行、桃花・陽明被出〉
（天正12）	9	20	時慶卿集	北山金閣寺にて長月廿日より紅葉見に主の喝食催、玄以法印、陽明御供申侍歌有しに
天正13	8	20	兼見卿記	玄以（中略）近衛殿御歌之会祇候也
（天正13）	秋		時慶卿集	雨中萩〈玄以法印にて〉
（天正13）	秋		時慶卿集	逢恋〈同、当座〉
（天正13）	秋		時慶卿集	月契多秋〈飛鳥亭にて玄以法印を招興行〉

という側面もあるのではないでしょうか。なお道澄や紹巴は、この後も豊臣政権下において独特の存在感を示しています。

玄以が連歌を嗜むことは、公家たちの間でも認識されていたようです。表1からも天正十二年以降、同席者に日野・高倉など公家の姿が増えている様子が窺えます。また表2には、和歌関係の事績、特に西洞院時慶《にしのとういんときよし》という公家の歌集の中で、この時期に玄以の名前が見える詞書を抽出しました。この表2からは天正十二・三年頃、朝廷社会で玄以を招いたり、あるいは玄以が主宰する会が催されていることがわかります。詞書からは少なくとも陽明《ようめい》（近衛家の異名）・桃花《とうか》（一条家の異名）の摂関家、また飛鳥井雅庸《あすかいまさつね》・西洞院時慶らが参加していることがわかります。すなわち、玄以が和歌や連歌に関心があるということを知った公家・門跡衆との間で、和歌・連歌を介して相互に関係強化が企図されたのではないでしょうか。同時期、天正十三年三月九日付けの聖護院道澄の手紙には「京都も所司代数奇故、当年者細々興行候キ（京都では「所司代」が数寄者なので、今年は連歌会がしばしば催されています）」という一文があります（前掲「汲古帖」）。伊藤氏は秀吉の関白就任により親王・摂関家・清華家と対面できる立場になったと指摘していますが、それ以前からコンタクトを取っていたことが窺えます。同じ時期には、山科《やましな》言経《ときつね》などの公家が、玄以への訴訟の時に、紹巴に執り成しを依頼している事例も見えます（『言経卿記』天正十一年九月二十三日条など）。このように、玄以と紹巴との関係は公家たちにも知られていたと考えられます。

次に、そのほかの参加者を見てみると、まず紹巴の高弟で職業的連歌師の面々や、北野社僧・四条道場僧などの寺社関係者が見えます。天正六年に同席している津田宗及《つだそうきゅう》は、茶人、堺の豪商として名高い人物です。このような寺院社会や、商人たちとの関わりも、所司代就任以前から紹巴との付き合いの中で発生していたことでしょう。

さらに天正九年に同席している良三は、のちに「民部法印内者」とされています。天正六年に同席の見える宗色も玄以下代の磯部宗色でしょうか。玄以の下代としては、信長期の所司代村井貞勝の一族・下代が見られることが指摘されていますが（伊藤氏前掲書）、連歌を通じて縁があった人物も、のちに下代・右筆として召し抱えていた可能性があります。

著名な細川幽斎・明智光秀を除けば、信長配下、おそらく秀吉初期でも、文化的活動が見られる人物は少ないようです（井上氏前掲書）。その中で、玄以は信長・秀吉配下の中では、あくまである程度であるにせよ、京都の公家・諸寺社との繋がりを持つ数少ない人物と見なされていたのではないでしょうか。こうした要素にも所司代起用の理由があったと推測されます。

おわりに

本稿ではまず、伝『中御門宣光記』を題材に、従来画期と考えられてきた天正十三年頃の玄以と朝廷の関係を考えました。玄以が朝廷との交渉にあたるようになったのは、先行研究で指摘されてきたような秀吉の関白任官以降ではなく、それ以前、少なくとも天正十二年後半、あるいは天正十一年の所司代任命当初まで遡ることができると思われます。

続いて玄以の前半生を検討しました。玄以は美濃の武家出身と推測されます。若い頃から里村紹巴に和歌・連歌、また儒学を学び、近衛家ほかの公家や寺院・商人たちとの交流も存在しました。所司代就任後は、より積極的に公家たちが玄以を招いたり、あるいは玄以の主催で公家たちを招いて、連歌会や和歌会が開催され、相互に関係を深めていったようです（本稿では天正十三年以前を取りあげましたが、それ以後も多量の文化的事蹟が知られています）。玄以が秀吉に起用され、特にその就任初期に摂関家をはじめとする朝廷社会と交渉を行なっていた背景には、織田期からのこのような関係性があったと考えられます。

現実的な公家たちにとって、内大臣あるいは関白であるという外形的地位よりも、秀吉が自らの利害に影響し得る実力を有しているか否かがより重要だったのではないかと思います。一方で、織田信長の時期には京都には村井貞勝がおり、さらにそれ以前にも武家政権が京都に存在しました。朝廷や京都の都市民たちは、それぞれの場合に応じて、あるいは武家を利用し、あるいは寺社や朝廷の権威を利用して利益を得ようとしていました。彼らは秀吉という新たな権力者にも、（都合の良い部分では）前代と同じ役割を期待したに違いありません。こうした相互の力関係の中で、秀吉期の「所司代」は力を強めていったと考えられるのです。

第三章　「長丸」の上洛に関しての再検討

片山正彦

はじめに

本章は、豊臣政権の統一過程、特に天正年間後期における豊臣政権と徳川家康との関係を再検討しようとするものです。

近年、豊臣政権の統一過程に関する研究が盛んに行なわれています。先行研究では、天正十四年（一五八六）十月の家康上洛以後、豊臣政権と徳川氏は主従関係を結んだとされています。例えば平野明夫氏は、①徳川氏は、天正十四年十月二十七日、秀吉に謁見・「見参」することによって織田大名から豊臣大名へと転換したこと、②役負担の面で、徳川氏が豊臣政権の軍事動員に応じて出兵した最初の戦いは天正十八年の小田原攻めであったこと、③天正十四年十一月、家康が豊臣政権の関東・奥羽への「取次」に任命されたことなどを根拠として、天正十四年十月に豊臣・徳川の主従関係が成立したとしています（平野明夫「豊臣政権下の徳川氏」〔『地方史研究』三〇五、のち『徳川権力の形成と発展』岩田書院、二〇〇六年に所収〕）。また藤田達生氏は、「当時（天正十四年段階）の秀吉にとって最大の課題は、天正十年以来、北条氏と同盟関係にあった家康の臣従であり、（中略）この問題が天正十四年十月に家康が大坂城に出仕したことで落着した」としています（藤田達生『秀吉神話をくつがえす』第三章、講談社現代新書、二〇〇七年）。

私は、このような先行研究のとらえ方に対して、若干の疑問を感じてきました。たしかに家康が上洛し、秀吉に謁見・「見参」することは、両者が主従関係を結ぶ上で一つの画期となったとは考えますが、それが直ちに強固な主従関係の成立となったとは言えないのではないでしょうか。当該期においては、軍事動員権がその主従関係を見極める一つの指標となるとは思いますが、平野氏も述べるように、徳川氏が豊臣政権の軍事動員に応じて出兵した最初の戦いは、天正十八年の小田原攻めです。むしろ、天正十四年十月の家康上洛以後、徐々に両者の主従関係が強固なものとなり、その帰結として小田原攻めにて徳川氏が豊臣政権の軍事動員に応じたのではないかと考えられます。

前稿[*]でも取り上げましたが、家康の世継である長丸（徳川秀忠の幼名）の上洛問題は、当時の豊臣政権と徳川氏の関係性を見る上で、一つの材料になると考えています。従来の研究では、長丸の上洛問題は、彼が元服前であるということもあり、良質の史料が無く、ほとんど注目されていませんでした。しかし数年前、関連する諸史料が見つかりました。この史料は、小田原攻めの前年にあたる天正十七年のものと推測される、家康が発給した書状です。筆者が前稿で長丸の上洛問題を取り上げたあと、この頃の政治状況についての研究はさらに進展しています。本章では、その成果を踏まえつつ、改めて豊臣政権と徳川氏の当時の関係性を見ていきます。

なお、徳川秀忠は同時代史料によって、天正十八年十二月まで「長丸」と呼称されることが確認できることから（『晴豊記』天正十八年十二月二十九日条）、本章では彼を「長丸」と表記します。当該時期の長丸上洛に関する史料については、表をご参照ください。

＊拙稿A「豊臣政権の対北条政策と「長丸」の上洛」（『織豊期研究』七、二〇〇五年）、同B「九月十七日付家康書状の紹介と在京賄料」（『ヒストリア』一九七、二〇〇五年）。以下、特に断らない場合、「前稿」とはこれらを指す。

1　秀吉の上洛令と九月十七日付け家康書状

小田原攻めの前年、天正十七年九月一日に、秀吉は諸大名に対して上洛令を発したといわれ

表　「長丸」上洛に関する記事

	年	月	日	内容	典拠
1	天正17ヵ	9	17	長丸上洛之儀、供者知行方をも請取候之間、少相延て不苦之由、上意之旨候之由承候て、少相延し申候、雖然やかて可差上申候、	個人蔵「九月十七日付け家康書状」。
2	天正17	12	9	台徳院殿、十一歳ニ成セ給フ、此冬秀吉へ謁見ノタメ、御上洛ニ定リケレドモ、秀吉ヨリ、侍臣ノモトへ書ヲ賜テ、幼少ニシテ、遠路ナリガタカルベシトテ、止メラレケル、十二日、神君駿府へ御帰リ、西尾ノ城ヨリ御書ヲ遣サレ、井伊直政酒井忠世青山忠成ニ、台徳院殿御上洛ノ事ヲ催促シ給フ、	『武徳大成記』天正十七年十二月九日条。
3	天正17	12	10	神君秀吉ト御対顔秀吉北條ガ表裏アルヲ深ク憎デ来春征伐スベキ旨相議セラル　神君急ギ酒井右兵衛大夫忠世後雅楽頭ト改内藤弥三郎正成後修理亮ト改　青山藤七郎忠成後常陸介ト改等ノ　台徳公輔佐ノ族へ尊翰ヲ賜ハリ彼上京ヲ催サル是秀吉小田原発向ニ定ルユエ　台徳公ヲ質子トシ御在京アラシメン為ナリ	『武徳編年集成』天正十七年十二月十日条。
4	天正17	12	16	急度申候、仍長丸(徳川秀忠)上洛付而種々御馳走之由、祝着之至難申尽候、弥御心付可為本望候、恐々謹言、	徳川義宣『新修徳川家康文書の研究第二輯』一三七頁、「羽田正親に遣れる書状」〔角屋記録〕○東京大学史料編纂所所蔵。
5	天正17ヵ	12	28	上様(秀吉)より御書候とてたうりう(逗留)の由、さたのかぎりニて候、そこまて越候てわれ〳〵(家康)かへり候へと候ハヾ、かへり候べく候ハんや、付おき申候ニ、ふかくこ(不覚悟)者と上様ニも見かきられ候ハんと存候、早々上洛可有候、来春ハわれ〳〵ものぼり候ハんニ、早々とも(供)候てのぼり可有候、恐々謹言、	中村孝也『新訂徳川家康文書の研究』中巻、九○二頁、「秀忠の家臣某に遣れる書状」〔日光東照宮所蔵〕。
6	天正18	1	3	長丸君（台徳公の御事也）未だ関白御対面なければ、小田原進発以前に御上洛あるべしとて、此正月三日駿府を出て給ふ、従ふ輩は井伊直政、酒井忠世、内藤正成、青山忠成也、同十三日御入洛あれば関白悦び給ひ、御迎として長束大蔵大輔を参らせらる、	『三河後風土記』中巻第二十四。

7	天正18	1	3	十八年正月三日駿府を発して。はじめて京におもむかせ給ふ。これは豊臣関白秀吉公御ゆかりとならせ給ひて後。公にはいまだ御対面ましまさざる故なるべし。	『徳川実紀』第一篇。
8	天正18	1	7	若君様御上洛候、今度之御上洛ハ、関白様尾州信雄御むすめ子御養子被成、若君様と御祝言被仰合候、	『家忠日記』天正十八年正月七日条。
9	天正18	1	14	家康子長上洛ニ弁太刀折紙礼遣候、	『晴豊記』天正十八年正月十四日条。
10	天正18	1	15	十五日（略）関白より名の一字をさづけて秀忠君と称しまいらせられ。	『徳川実紀』第一篇。
11	天正18	1	19	家康長ヨリ余ニつた五十は弁馬十八日さきちやうのひ今朝也御会始也、	『晴豊記』天正十八年正月十九日条。
12	天正18	1	25	若君様京都より御下り候、	『家忠日記』天正十八年正月二十五日条。
13	天正18	1	25	台徳公駿府に還入シ玉フ時ニ　神君曰秀吉今度長丸ヲ留メサル事ハ東海道吾領内ノ城々ヲ借テ旧臣ヲ篭置小田原ヘ進発セント欲スナラン道筋ノ諸城ヲ掃除スベキ旨本多作左衛門重次本多佐渡守正信ニ　命ゼラル案ノ如ク二三日ヲ経テ秀吉ヨリ羽書来リ右諸城ヲ借ルベキ由ヲ告ル　神君則領掌シ玉フ諸群臣皆　神君	『武徳編年集成』天正十八年正月二十五日条。
14	天正18	1	28	御本所御チヤセンノ息女小姫君ト云、当年六才、関白殿ノ養子ニテ二三才之時ヨリ御育也、今度去廿一日歟、家康ノ世継ノ子御長殿ト云十三才、コレト於受楽祝言在之、関東於存分、ケワキ料ニ三ケ国可被遣之由也云々、	『多聞院日記』天正十八年正月二十八日条。
15	天正18カ	2	2	今度長丸致上洛候之処、即被抂高駕、種々御懇情之由、井伊侍従申候、	徳川義宣『新修徳川家康文書の研究　第二輯』一四七頁、「遠藤筑後守に遣れる書状」（思文閣墨蹟資料目録所載）○開店記念特集号　昭和四十二年四月刊。
16	天正18	12	29	家康子於長公家成、予所よりしやうそくニあらためられ候、	『晴豊記』天正十八年十二月二十九日条。

ます。『多聞院日記』天正十七年九月一日条には、

諸国大名衆悉く以聚楽へ女中衆令同道、今ヨリ可在京ノ由被仰付トテ、大納言（豊臣秀長）殿、女中衆今日上洛、筒井も同前、

とあります。これによれば、秀吉は諸大名に命じて、その妻ら（「女中衆」）を同道して在京しようとしていました。これについて藤田氏は、「秀吉は、北条氏攻撃を控えた当該期に、全豊臣大名に対して夫人とともに在京することを命令した」ととらえています（藤田達生『日本近世国家成立史の研究』第四章、校倉書房、二〇〇一年）。また福田千鶴氏は、「小田原の陣を前にした秀吉が諸大名の妻を人質として取ったものである」と述べています（福田千鶴『江の生涯』第三章、中公新書、二〇一〇年）。

　ここでは、上洛令の対象が大名本人やその妻・夫人に限定されているようですが、彼らの子息が対象外であったとは考えにくいでしょう。これを裏づけるように、同年十月七日、「一、毛利（輝元）殿、始而、御内方、同道候て、在京事候、日本、何も、堅、為被　仰付、秀長御内様まて、在聚楽候」「右分之上者、是非共、義統（大友）様、御父子中、御在京、心安旨」（田北学編『増補訂正編年大友史料』、二八―一三七）と、大友義統父子の在京が要求されています。

　この上洛令に対する家康の返書と思われる、同年九月十七日付けの書状が発見されました。

【史料①釈文】

追而申候、長丸上洛之儀、供者知行方をも請取候之間、少相延て不苦《くるしからず》之由、上意之旨候之由承候て、少相延し申候、雖然《しかりといえども》やかて可差上申《さしあげもうすべく》候、□（尚カ）御次も候ハヽ、可然様《しかるべきよう》被仰上可給《おおせあげられたまうべく》候、以上、

江州知行方之儀付而、被成下御朱印《ごしゅいんをなしくだされ》候、則頂戴仕候、仍而《よって》江州知行方之儀、当年之事ハ御代官被仰付《おおせつけられ》、以物成可被下《ものなりをもってくださるべき》之旨、得其意《そのいをえ》存候、路次廻知行之儀、被成御替之《これをおかえなされ》、可被下《くださるべき》之由、誠被為入御念《ごねんをいれさせられ》候而被仰下《おおせくだされ》候段、忝《かたじけなき》次第難申尽《もうしつくしがたく》候、此旨可然《しかるべき》候様被仰上可給候、恐々謹言、

九月十七日　　家康（花押）

木下半介（吉隆）殿

長束大蔵大輔（正家）殿

【史料①現代語訳（本文のみ）】

追って申し上げます。長丸の上洛については、供の者の知行を秀吉様から受け取ることになり、上洛は少し延期しても構わないとの上意（秀吉様の意向）の旨を承知したので、延期することにしましたが、そのうちすぐに上京させます。なお、ついでがあれば良き

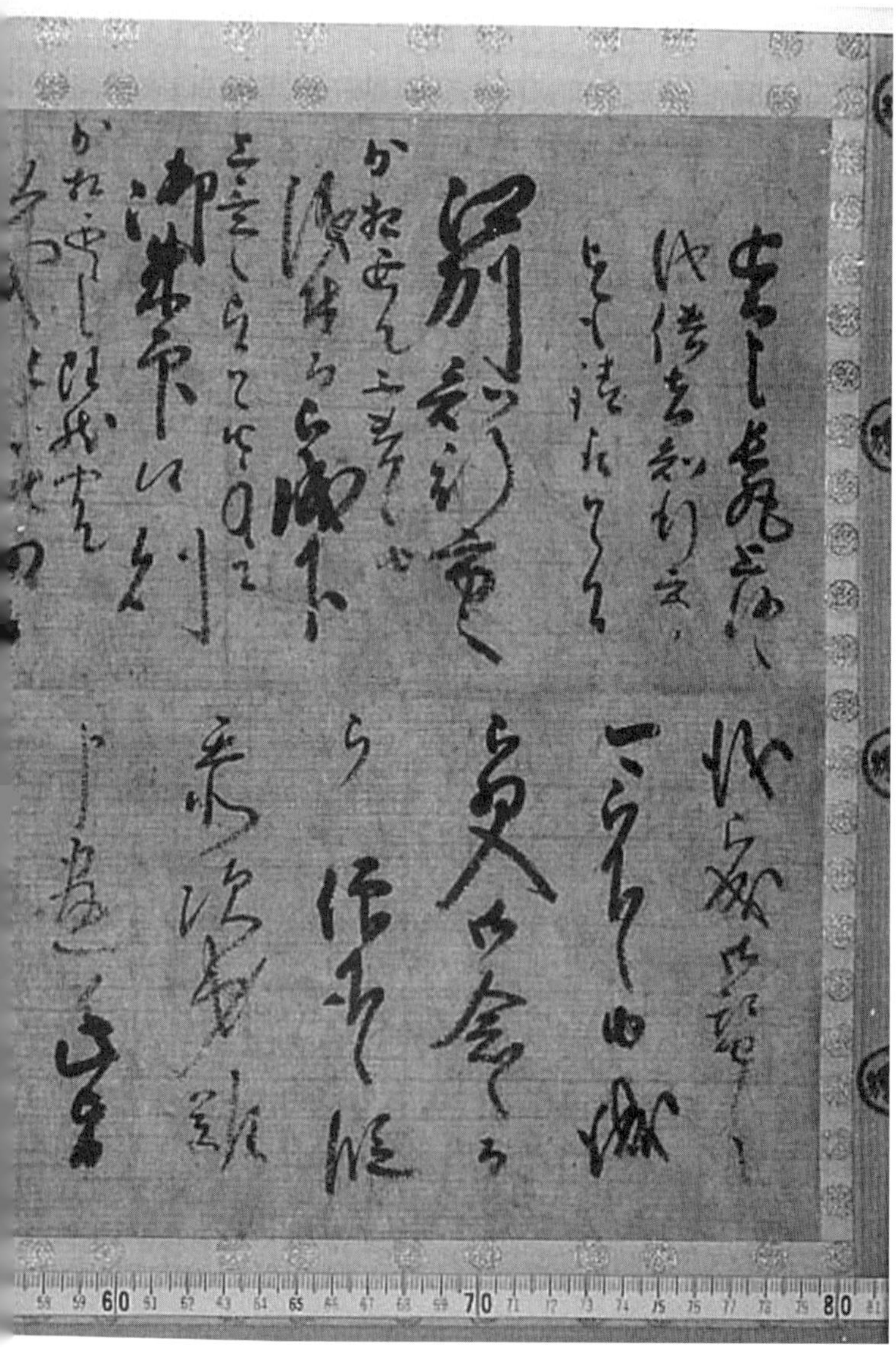

九月十七日付け長束正家・木下吉隆宛徳川家康書状

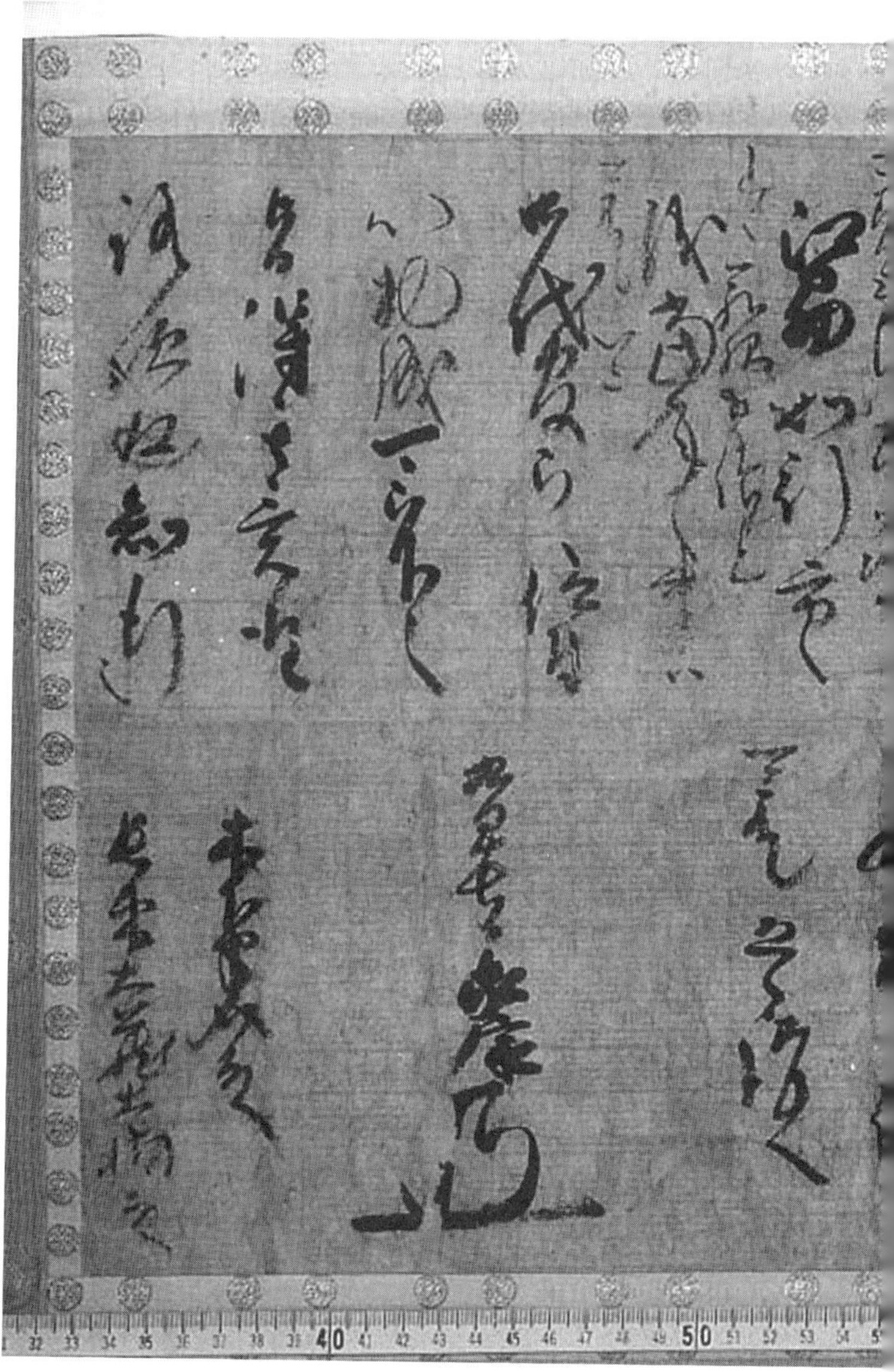

（個人蔵）

ように秀吉様に言上していただきたく存じます。

近江（現・滋賀県）で知行を与える旨について、秀吉様の「御朱印」が下され頂戴しました。よって近江の知行について、当年は御代官を仰せ付けられ、「物成」をもって下されるとの旨を存じています。路次廻りの知行については、替地を下されるとのこと、誠に念を入れた命令で、かたじけない次第で言い尽くせません。この旨を良きように秀吉様に言上していただきたく存じます。

この書状は、家康が豊臣秀吉家臣の木下吉隆・長束正家に宛てたものです。「追而申候」から始まる部分に、上洛令に対する返答が述べられています。これを「追而書」と言い、手紙の本文に付け加えて書く文章のことで、「尚々書（なおなおがき）」とも言われます。現在の手紙では、「追伸」にあたるものです。

これによれば、家康の子息である長丸について、秀吉が供の者の知行を受け取ってからゆっくり上洛すればよい、としたのに対して、家康はできるだけ早いうちに上洛させたいと述べています。重要なのは、家康のほうが早いうちに長丸を上洛させたいと考えていたのに対し、秀吉のほうが延期しても構わないとしている点です。先ほども述べたように、天正十七年九月一日には、全豊臣大名に対して夫人とともに在京することを命令しており、それは翌十八年の小田原攻めを想定したものであったと考えられます。このようにとらえると、小田原攻めにあたって、家康は知行の請取を理由に長丸の上洛を猶予されており、徳川氏は豊臣政権から特別視される存在であることがわかります。

とはいえ、長丸上洛はあくまで延期されただけであり、翌十八年正月には上洛しています。また、この時点では長丸の上洛日程は未定であるが、いずれ近いうちに彼を上洛させるという家康の意思を読みとることができます。

史料①では、具体的な長丸上洛の日程は述べられていません。長丸の上洛はどの段階で決定したのでしょうか。

【史料②釈文】（中村孝也『徳川家康文書の研究』上巻七四九頁、日本学術振興会、一九八〇年、「藤堂高虎に遣れる書状」〔高山公実録〕三）

其元被入御精て（候脱カ）、両度迄預飛脚《ひきゃくにあずかり》候、為悦候、仍来十五日ニ上洛可申候由存候処、近日上様（秀吉）為御忍《おしのびとして》、為可被遣御鷹《おたかをつかわさるべきため》、吉良へ可有御成《おなりあるべき》之由承候間、先令遅々《ちちせしめ》候、将亦亜相（羽柴秀長）御煩気之由候て、至有馬御湯治之由、いか、無心元《こころもとなく》候、次女（豊臣氏）共煩之儀少能候由、大慶此事候、頓而可罷上《まかりのぼるべく》候間、其節万事以面《めんをもって》可申候、恐々謹言、

（天正十七年）

十一月十四日　　　　家康（花押）
藤堂佐渡守《高虎》殿

この書状では、来る十五日に上洛を予定していたが、秀吉が鷹狩りのため三河吉良に下向するとのことで延期する旨を藤堂高虎に伝えたので、近いうちに上洛し、その際に顔を合わせて話し合いたい、と述べています。

この時の家康の上洛については、『家忠日記』（臨川書店、一九六八年）に詳しく記されています。『家忠日記』は、家康に仕えた松平家忠の記した日記です。『家忠日記』天正十七年十二月二日条には「殿様御上洛ニ今日岡崎迄御つき候由にて岡へ越候、明日之由候」、同じく三日条には「殿様吉田より岡へ御越候」、同じく五日条には「殿様御上洛ニふかうす帰候」とあり、「殿様」＝家康が上洛にあたって吉田より岡崎、そして「ふかうす」＝深溝へ移動していることがわかります。同十六日条には「殿様京都より西尾へ御下之由候」、同十八日条には「殿様吉田迄御帰之由候」とあり、すでに家康が上洛し吉田へ帰国したことが記されています。

この間の同十三日条には、京都よりの「相州御陣」＝小田原攻めに関しての触があり、「関白」秀吉は年が明けて三月一日、「尾州大府」織田信雄は二月五日、家康は正月二十八日に出馬と伝えられたとあります。つまり家康が上洛したこの際に、秀吉と話し合いが持たれ、具体的な出陣日程が決定したのです。それは徳川氏が小田原攻めで豊臣政権に軍事的協力をすることが決定したと捉えることができます。

さて、『武徳編年集成』天正十七年十二月十日条には、

> 神君秀吉ト御対顔秀吉北條ガ表裏アルヲ深ク憎デ来春征伐スベキ旨相議セラル　神君急ギ酒井右兵衛大夫忠世後雅楽頭ト改内藤弥三郎正成後修理亮ト改青山藤七郎忠成後常陸介ト改等ノ　台徳公輔佐ノ族ヘ尊翰ヲ賜ハリ彼上京ヲ催サル是秀吉小田原発向ニ定ルユエ　台徳公ヲ質子トシ御在京アラシメン為ナリ、

とあります。また『武徳大成記』（汲古書院、一九八九年）には、

> （天正十七年十二月九日）台徳院殿、十一歳ニ成セ給フ、此冬秀吉ヘ謁見ノタメ、御上洛ニ定リケレドモ、秀吉ヨリ、侍臣ノモトヘ書ヲ賜テ、幼少ニシテ、遠路ナリガタカルベシトテ、止メラレケル、十二日、神君駿府ヘ御帰リ、西尾ノ城ヨリ御書ヲ遣サレ、井伊直政酒井忠世青山忠成ニ、台徳院殿御上洛ノ事ヲ催促シ給フ、

とあり、小田原攻めおよび長丸の上洛について話し合われていることがわかります。『武徳編年集成』では、家康と秀吉が北条「征伐」について話し合い、家康は「台徳公」（＝長丸）を豊臣への人質として上洛させたい考えを持っていたことが記されています。『武徳大成記』では、秀吉が「台徳院」（＝長丸）の上洛を止めているにもかかわらず、家康が長丸の上洛を促してい

ます。

『武徳編年集成』は、江戸時代中期の幕臣木村高敦が編集し、元文五年（一七四〇）の大宰春台の序がある、天文十一年（一五四二）から元和元年（一六一六）までの家康の伝記です。また『武徳大成記』は、林鳳岡・木下順庵らの編で、貞享三年（一六八六）の成立とされています。ともに後世になって書かれた史料です。

しかし、史料①が発給された天正十七年九月十七日からこの十二月上旬までは、家康の上洛、また長丸の上洛を促すような史料は確認されていません。十二月十六日には家康が帰国し、その半月後には長丸が上洛していることから、彼の上洛日程は、この話し合いの際に決定したとするのが妥当であると考えられます。

ところで、近年の研究によれば、次の史料も当該期の長丸上洛問題を示す史料の一つと考えられています。


【史料③】（『新訂徳川家康文書の研究』中巻九〇二頁「秀忠の家臣某に遣れる書状」〔日光東照宮所蔵〕）

上様《（秀吉）》より御書候とてたうりう《（逗留）》の由、さたのかぎりニて候、そこまて越候てわれ〳〵《（家康）》かへり候へと候ハゞ、かへり候べく候ハんや、付おき申候ニ、ふかくこ《（不覚悟）》者と上様ニも見かきられ候ハんと存候、早々上洛可有《あるべく》候、来春ハわれ〳〵ものぼり候ハんニ、早々とも《（供）》候てのぼり

可有候、恐々謹言、
十二月廿八日　　　　家康

この書状で、家康は次のように述べています。「秀吉様より書状があり、逗留しているとのことは沙汰の限りです。そこまで到着していて、私たちが帰れといえば帰るのですか。長丸に付けている者は不覚悟者と秀吉様にも見限られてしまうと存じます。早々に長丸とともに上洛すべきです。来春は私も上洛するので、早々に供をして上洛するように」という内容です。宛先は削除されていますが、中村孝也氏は秀忠側近の者に宛てたものであり、発給年を文禄二年（一五九三）と推測しています（『新訂徳川家康文書の研究』中巻九〇二頁、日本学術振興会、一九八〇年）。

しかし福田千鶴氏は、「秀忠は文禄二年九月十七日に上洛したのち、翌年正月二十三日に京都を発って」おり、「文禄二年十二月の上洛が確認できるため、この書状を文禄二年と比定するのは難しい」（福田千鶴『徳川秀忠』新人物往来社、二〇一一年）としています。前掲『武徳大成記』に見えた「秀吉ヨリ、侍臣ノモトへ書ヲ賜テ、幼少ニシテ、遠路ナリガタカルベシトテ、止メラレケル」との記述から、秀吉より長丸侍臣のもとへ書状が送られ、長丸は幼少なので「遠路ナリガタカルベシ」と秀吉より上洛を止められたので、家康は井伊直政・酒井忠世・青山忠成に対して、長丸を急ぎ上洛させるように催促したのだとして、天正十七年に発給されたものであると推測しています。

すなわち、秀吉ではなく家康の意思によっての長丸上洛が記述されるこれらの史料は、九月十七日に発給された史料①の家康書状に見える「雖然やかて可差上申候」を受けたものだと考えられます。長丸の上洛に関して、家康の意思が尊重されていることがわかります。そして、十二月に秀吉と家康との間で話し合われた長丸上洛問題と小田原攻めでの徳川氏の軍事的協力は、切り離しては考えられないものなのです。

2　長丸上洛と小田原攻め

長丸の上洛に関しては、秀吉よりも家康のほうが積極的であったことが明らかとなりました。続いて、十二月の秀吉と家康の話し合い以後、小田原攻めの開戦に至るまでの経過を、長丸の上洛問題と関連づけて見ていきます。

前述したように家康は、秀吉との会談を終えて、十二月十六日には帰国の途についています。そして年が明けて、正月四日に長丸が上洛します（『家忠日記』天正十七年十二月十六日条、同十八年正月四日条）。正保年間（一六四四～四八）成立の編纂物である『三河後風土記』巻第二十四

には、

長丸君御上洛付関白出陣の事

長丸君（台徳公の御事也）未だ関白御対面なければ、小田原進発以前に御上洛あるべしとて、此正月三日駿府を出て給ふ、従ふ輩は井伊直政、酒井忠世、内藤正成、青山忠成也、同十三日御入洛あれば関白悦び給ひ、御迎として長束大蔵大輔を参らせらる、

とあります。長丸はまだ秀吉と対面していないとありますが、実際に『家忠日記』などの同時代史料で確認すると、天正十八年正月以前の上洛記事は見あたりません。長丸は、天正十八年正月に初めて上洛したのです。また「小田原進発以前に御上洛あるべし」とあり、この史料でも家康が小田原攻めの開戦以前に長丸を上洛させたい意向を持っていたことがわかります。

『家忠日記』天正十八年正月七日条には、

若君（長丸）様御上洛候、今度之御上洛ハ、関白様尾州信雄御むすめ子御養子被成、若君様と御祝言被仰合候、

とあります。長丸の上洛の理由を、秀吉の養子となった織田信雄の娘との祝言のためであるとしています。

一般に、長丸（秀忠）の室は浅井長政の三女・江であるとされ、この信雄の息女で秀吉の養女となっていた小姫君と長丸との祝言が実際に行なわれたかは、疑問視されています。しかし

近年の研究では、二人の婚礼は実際に執り行なわれおり、それは前述の在京令に連動するもので、小姫君が徳川家の人質として小田原攻めが終わるまでの間、在京していればよかったと考えられています（『江の生涯』第三章、中公新書、二〇一〇年）。

『多聞院日記』天正十八年正月二十八日条には、

御本所御チヤセン（織田信雄）ノ息女小姫君ト云、当年六才、関白殿ノ養子ニテ二三才之時ヨリ御育也、今度去廿一日歟、家康ノ世継ノ子御長殿ト云十三才、コレト於受（聚）楽祝言在之、関東於存分、ケワヰ料ニ三ケ国可被遣之由也云々、事々敷祝言ノ様也ト、松林院ノ得業被語了

とあり、長丸が実際に上洛し、小姫君との祝言が聚楽第において行なわれたことが記されています。また彼が当時、世間から家康の「世継」と解されており、「関東」（北条氏）の件が秀吉の存分となれば、小姫君の化粧料として「三ヶ国」を遣わすという噂になっていたということです。

もちろん、長丸との婚礼をした小姫君が徳川家の人質として在京することには、大きな意味があったと思います。しかしこの婚礼は、やはり長丸の上洛があり、小田原攻めを執行するにあたって、長丸上洛が必要不可欠なものであったことがわかります。

ところが長丸は、祝言が終わると、二十五日には早々に帰国しています（『家忠日記』天正十八年正月二十四日条）。『武徳編年集成』天正十八年正月二十五日条には、

台徳公駿府に還入シ玉フ時ニ　神君曰秀吉今度長丸ヲ留メサル事ハ東海道吾領内ノ城々ヲ借テ旧臣ヲ籠置小田原へ進発セント欲スナラン

とあります。ここから、長丸の帰国と、豊臣軍の在番が東海道の諸城に置かれることが連動したものであったと読み取ることができます。実際に東海道の諸城に吉川広家らが在番として置かれたことは、同時代史料によって確認できます（『吉川家文書』一―一一三号、『小早川家文書』一―四四八号など）。

その後、徳川の軍勢は正月二十八日に出陣し、家康自身も二月十日には出陣しています（『多聞院日記』天正十八年正月二十八日条、『家忠日記』天正十八年二月十日条など）。徳川氏は、ここにおいて初めて豊臣の課す軍役に応じ、兵を小田原に送り込むことになります（小林清治『奥羽仕置の構造』第一章、吉川弘文館、二〇〇三年）。

おわりに

天正十七年九月、豊臣政権は諸大名に対し上洛令を発しますが、これは翌年春に控える小田原攻めに向けて、諸大名より人質を徴収することが目的であったと見られます。

しかし家康は、この上洛令に対し、九月十七日時点で、近いうちの長丸上洛を約束しています。この事実は、家康が小田原攻めにおける豊臣政権への軍事的協力の意思を明確に示したものであると言えるでしょう。十二月には、秀吉と家康の間で話し合いが行なわれ、長丸の上洛が確定したとみられます。ここで話し合われた長丸の上洛問題と小田原攻めでの徳川氏の軍事的協力は、切り離せないものであったと言えます。

徳川氏は、北条氏・豊臣氏と姻戚関係を結んでいたことが知られます。天正十一年には北条氏に娘督を、同十二年には豊臣氏に二男の秀康を送り込んでいます。すなわち長丸上洛には、長丸上洛までは豊臣政権と北条氏との間で中立的な立場を保ち、両者が実際に交戦状態になることを妨げる意味があったと考えられます。しかしながら、長丸の上洛は、徳川氏が豊臣政権側につくことを明示したものと言えます。むしろ、天正十四年十月の家康上洛以後、徐々に両者の主従関係が強固なものとなり、その帰結として小田原攻めに際して徳川氏が豊臣政権の軍事動員に応じたのだと考えられます。

逆説的に考えれば、豊臣政権にとって、長丸の上洛が実現しない段階では、北条氏との関係の深い徳川の軍事的協力が得られず、北条氏への攻撃が行ない得ないことを示しているのです。これは、近年盛んに研究されている「惣無事」論にも関わる問題だと考えられますので、今後の検討すべき課題としたいと思います。

第四章　豊臣政権と北奥大名南部家

千葉一大

はじめに

豊臣秀吉の書状ほど宣伝性に富んだものはないと評されますが、一方で秀吉は、自分の政治的な意向を象徴的な言葉で巧みに表現したとも言われます。

秀吉の書状や朱印状には、「外浜《そとがはま》」「夷島《えぞがしま》」という地名を記したものがあります。「外浜」は青森県の陸奥湾沿いの地域、「夷島」は北海道のことです。さらに「津軽《つがる》の果て」、さらには津軽海峡を挟んだ地域名である「日の本」という文言も現れます。ここに挙げた地域名は、中世において日本という国の東の果て、あるいは異民族の住む地域との接点とみなされていた場所です（大石直正「外が浜・夷島考」〔関晃教授還暦記念会『日本古代史研究』吉川弘文館、一九八〇年〕）。

それらの地名は、小田原攻め（天正十八年、一五九〇）の最中、自らの政策をそれらの地域にまで及ぼすという強い決意表明として（『信濃史料』第十七巻、一一三〜一一四頁、および『増補改正大友史料』二八、八八頁）、あるいは国内統一の総仕上げとなり得る奥羽における仕置の順調な進展を、四国の大名衆や本願寺・島津義久《しまづよしひさ》・吉川広家《きっかわひろいえ》らに伝える中で（『青森県史』資料編近世1、編年史料四四・四五・五四・五六号）、はたまた文禄元年（一五九二）の「唐入り」出陣に際し、小早川隆景《こばやかわたかかげ》・浅野長慶《あさのながよし》（幸長《よしなが》）らに対して軍事動員力の及ぶ範囲を誇示する形で（『日本戦史　朝鮮役』文書・補伝、一九号・二〇号）、述べられていきます。

秀吉は、織田信長の家臣当時、北東北の領主の中でいち早く、かつ最も深く織田信長との関係を結んだ出羽国檜山《ひやま》（現・秋田県能代市）の城主安東愛季《あんどうちかすえ》に対する奏者、ないしは「取次《とりつぎ》」を務めていたとみられます（『青森県史』資料編中世2、六九四号）。信長の死とその後の動向を伝える天正十年九月二十日付けの秀吉書状（『青森県史』資料編中世2、七〇九号）が存在する点からも、信長の意向を愛季に伝え、一方愛季の意向を信長に仲介する役割を担った秀吉と愛季の間に深い繋がりの生じていたことが窺えます。それゆえ秀吉には、安東家との接触の中で形成された北奥羽に対する「土地勘」があり、「外浜」「夷島」「津軽の果て」「日の本」といった文言を持ち出し得たのかもしれません。

しかも秀吉は、これらの文言を一過性のものとして用いたのではありません。注目すべきは、これらがすべて豊臣政権の節目とみなされる出来事に際して発給された書状であるという点です。北奥羽・夷島を示す文言は、秀吉が自らによる国内統一の到達点を示す文言として用いたものと言えるでしょう。

　秀吉自らが国内統一の到達点とした地域に、豊臣政権はどのような政策を持ち込もうとしたのでしょうか。さらに、政権に組み込まれた大名や地域の人々が受け入れた（受け入れさせられた）秀吉の政策とは、如何なるものだったのでしょうか。本稿では、「北奥《ほくおう》」地域を治めていた南部《なんぶ》家を事例に考えてみたいと思います。なお、本稿でいう「北奥」とは、陸奥国《むつのくに》の北部、現在の青森県から岩手県中部にかけての地域です。

　一九八〇年代以降の「北からの日本史」と呼ばれる動きの中で、近世国家における北東北の位置づけや、北奥羽の近世大名の成立・展開過程が明らかにされてきました。歴史研究において、地方・地域の立場を強調することは、とかく地方と中央との対立・対決という図式に集約されがちです。しかし「北からの日本史」の研究者たちは、地域の特性を見つめながらも、近世国家の中における地域社会の姿、近世国家の中の奥羽大名の姿を描き出そうとしてきました。

　本稿でも、そうした視点を継承し、豊臣政権がこの地域にもたらした政策と、それが大名領国に浸透する過程を明らかにしたいと思います。題材とするのは、岩手県盛岡市のもりおか歴史文化館に所蔵されている、天正十八年（一五九〇）七月二十七日付け秀吉朱印状です。

1　豊臣大名の誕生――南部信直宛豊臣秀吉朱印状を読む

秀吉が正室北政所《きたのまんどころ》に宛てた、天正十八年（一五九〇）五月十四日付けの消息文《しょうそくぶん》（『小田原市史』史料編原始・古代・中世I、八四五号）からは、出羽・奥州の領主が、北条氏政《ほうじょううじまさ》・氏直《うじなお》父子を攻略するため小田原在陣中の秀吉のもとへ出仕し始めたことがわかります。六月上旬から中旬にかけて、加藤清正《かとうきよまさ》・黒田長政《くろだながまさ》にそれぞれ宛てた朱印状からも、奥羽諸大名の小田原出仕・服属の意志が伝えられ、明確さを増していることが窺えます（『青森県史』資料編近世1、編年史料三七号、および『黒田家文書』第一巻本編、四一八〜四一九頁）。

豊臣政権内で南部家に対する「取次」を務めていた前田利家《まえだとしいえ》の家臣である河島重続《かわしましげつぐ》が、伊達《だて》政宗《まさむね》の家臣に宛てて同年五月二日付けで送った書状（『伊達家文書之二』五〇九号）には、陸奥国三戸《さんのへ》（現・青森県三戸郡三戸町）城主南部信直《なんぶのぶなお》が、利家のもとに使者を送り出仕する意志を伝え、近日参陣するという観測が述べられています。信直が秀吉に謁見し、臣従の意を表する「御礼」を遂げたのは、七月六日のことでした（『青森県史』資料編近世1、編年史料三九号）。

小田原の攻略に成功した秀吉は、引き続き、奥羽を対象に、臣従の意志を示さなかった大名の所領を没収して新たに大名を配置するとともに、服従した大名には豊臣政権の政策を受け入れさせます。翌年にかけて奥羽地方を対象に展開されたこのような政策実施過程を「奥羽仕置《おううしおき》」と呼んでいます。

大名が受け入れ、領内で実施することになった秀吉の政策方針を端的に示すのが、南部信直に宛てた天正十八年七月二十七日付けの秀吉朱印状です。

【釈文】

覚

一、南部内七郡《なんぶないしちぐん》事、大膳大夫《だいぜんだいぶ》可任覚悟《かくごにまかすべき》事、

一、信直妻子定在京可仕《のぶなおさいしざいきょうをさだめつかまつるべき》事、

一、知行方令検地《ちぎょうかたけんちせしめ》、台所入丈夫《だいどころいりじょうぶ》ニ召置《めしおき》、在京之賄相続《ざいきょうのまかないあいつづき》候様ニ可申付《もうしつくべき》事、

一、家中之者共相拘《かちゅうのものどもあいかかうる》諸城悉令破却《ことごとくはきゃくせしめ》、則《すなわち》妻子三戸《さんのへ》江引寄可召置《めしおくべき》事、

一、右条々及異儀者在之者《いぎにおよぶものこれあらば》、今般可被加御成敗《こんぱんごせいばいをくわえらるべく》候条、堅可申付《かたくもうしつくべき》事、

以上

天正十八年七月廿七日◯（秀吉朱印）

南部大膳大夫とのへ

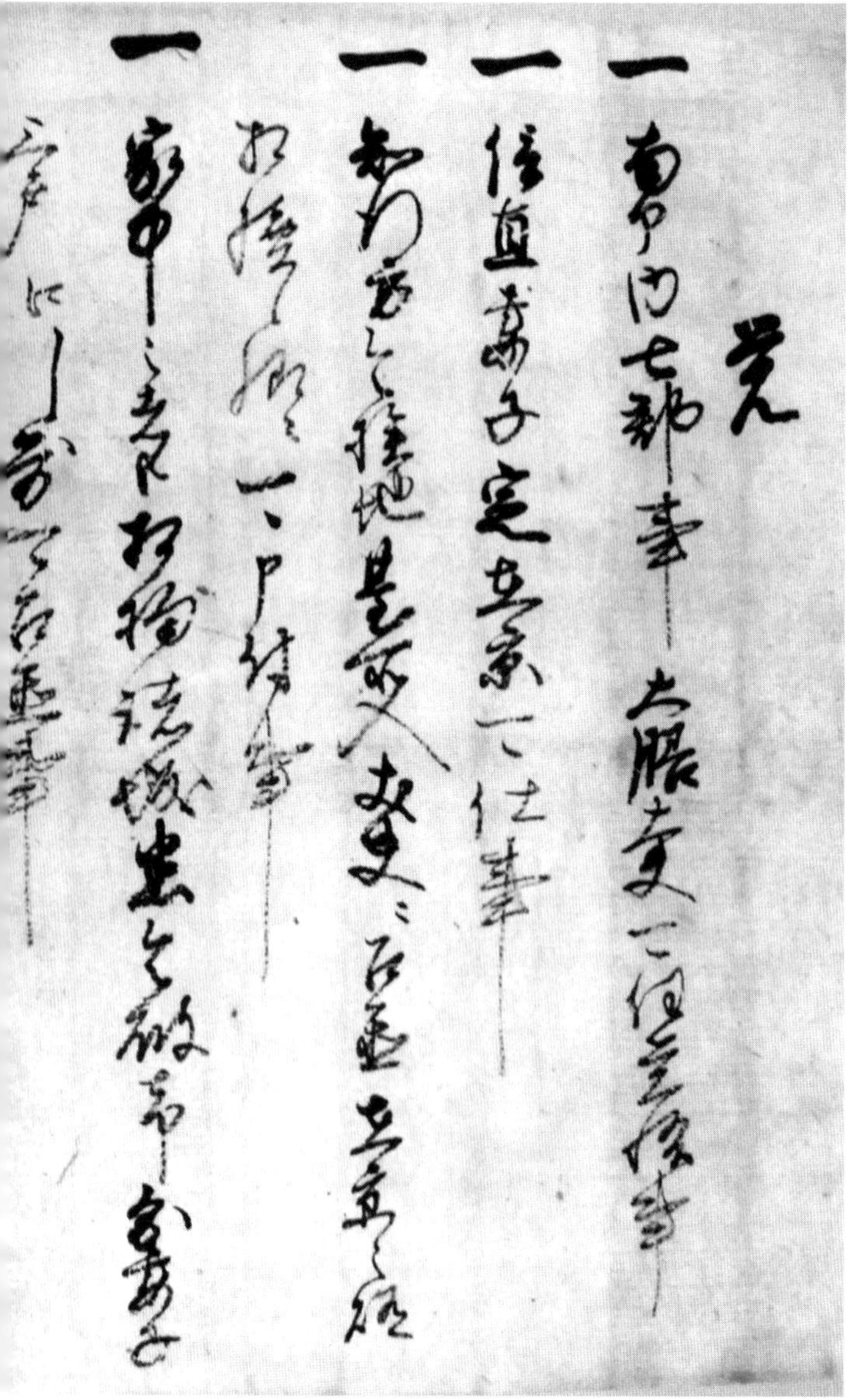

覚
一 南部内七郡事、大膳大夫可任覚悟事
一 信直妻子定在京可仕事
一 知行方令検地、台所入丈夫ニ召置、在京之賄相続候様ニ可申付事
一 家中之者共相抱諸城悉令破却、則妻子
三戸江引寄可召置事

天正十八年七月二十七日付け南部信直宛豊臣秀吉朱印状

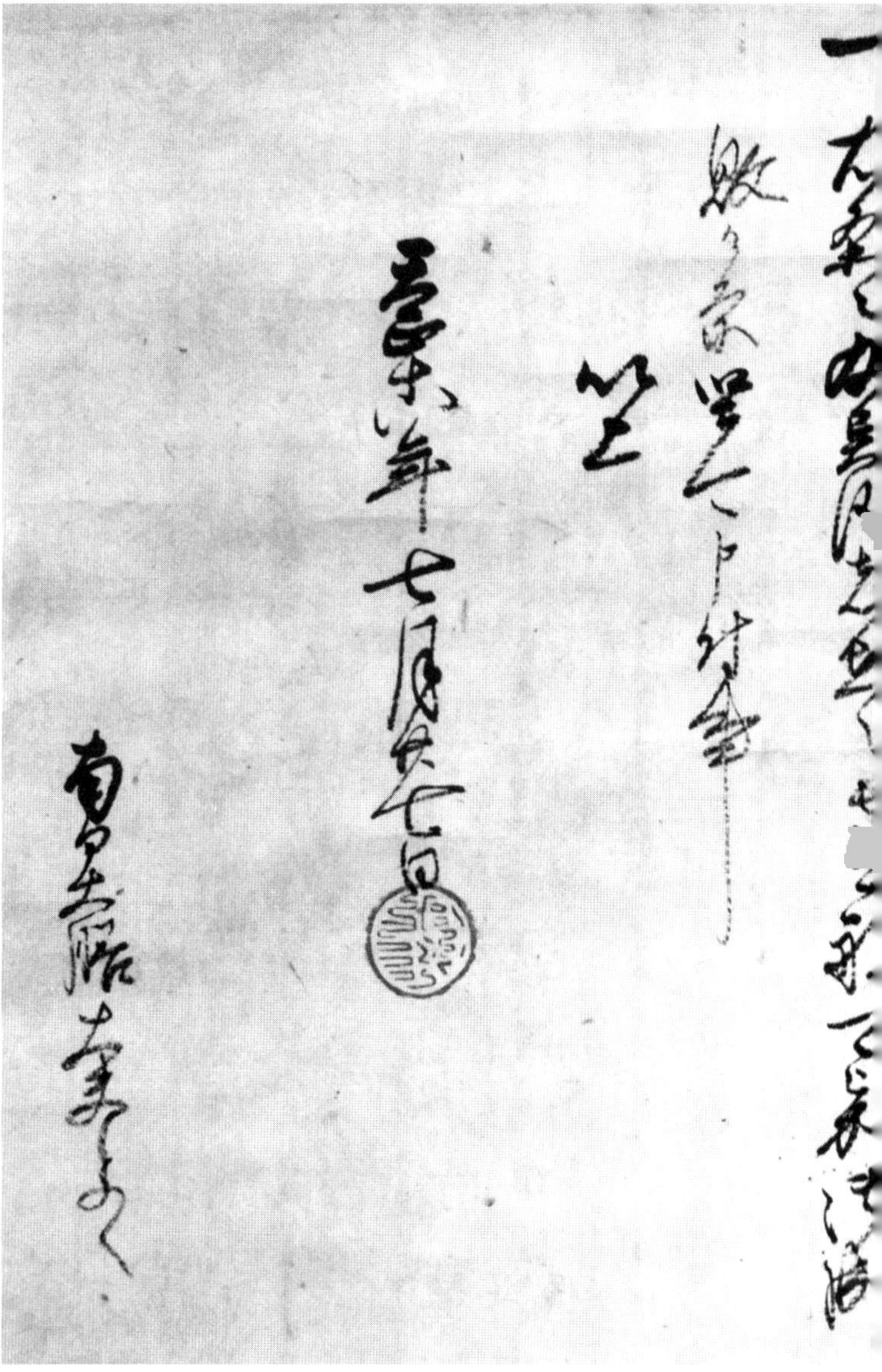

（もりおか歴史文化館所蔵）

【現代語訳（本文のみ）】

一、南部のうち七郡は、大膳大夫（南部信直）が責任を持って支配すること。

一、信直の妻子は、京都に住まわせること。

一、領内の検地を実施し、財政収入を確保して、信直在京時の滞在費用が賄えるように命じること。

一、家臣の抱える城を破却し、その妻子を三戸城下に引き寄せ居住させること。

一、右のことに異議を唱え背く者には秀吉が成敗を加えるので、この条条を厳しく申しつけること。

この文書は、「印判状《いんぱんじょう》」と呼ばれる様式をとっています。室町時代に起こり、戦国時代になって戦国大名などの間で急速に広まった文書様式です。日付の下（日下《にっか》）によく知られた秀吉の朱印が捺印されています。印判状は、基本的に対等以上の礼を取る相手には出されないもので、例えば支配者が被支配層に対して、また上下関係が明確な場合に目上の者が目下の者に対して発給する文書だとされています。

この朱印状が作成された時期の秀吉の動静を確認しておきましょう。秀吉は、この年の三月からの小田原攻めを終えたのちに、奥羽を制圧しその政策を浸透させることを目的に軍を進め、自らも会津（現・福島県会津若松市）へと赴く途中でした。秀吉が下野国宇都宮（現・栃木県宇都宮市）に到着したのは、七月二十六日のことです（『伊達家文書之二』五二四号）。この文書は、秀吉が宇都宮に着いた次の日付になっていることから、恐らく宇都宮に赴いたと考えられる信直に対して、秀吉が自らの意志を示すために与えたものだということができます。

2 豊臣政権は北奥に何をもたらしたのか

次に、史料に記されている内容のうち、第一条から第三条までについて見ていきましょう。

第一条では、南部のうち七郡を大膳大夫（信直）が責任を持って治めることを認めています。この記載があることによって、この朱印状は、秀吉が大名に与えた領地支配の保証書＝領知《りょうち》朱印状《しゅいんじょう》と理解されることもあります（渡辺信夫「天正十八年の奥羽仕置令について」〈『日本文化研究所研究報告』別巻第十九集、一九八二年〉）。しかし、例えば、天正十九年正月十七日付けで出羽国角館《かくのだて》（現・秋田県仙北市角館町）城主戸沢光盛《とざわみつもり》に対して与えられた秀吉の領知朱印状（『岩手県中世文書』下、一一〇号）と比較すると、両者の文書形式上の差異は明らかです。信直宛の朱印状は冒頭に「覚」と記された条目形式の文書で、領知以外の内容も記載されています。一方、光盛宛の領知朱印状は、検地完了後に発給されており、それを反映して「出羽国仙北の内北浦郡四万四千参百五拾石」と領域の範囲・領地の生産高＝領知高が石高で記載され、秀吉が大名に対して領地の支配を認めるという宛行《あてがい》文言が含まれます。信直宛の朱印状にはそのような文言はありません。

さらに、光盛宛の朱印状には、領地の細目を記した文書である領知目録《りょうちもくろく》が別途添えられると記されています。同様の形式を持つ領知朱印状が他地域の大名宛にも発給されていますし、天正十八年末から翌年初頭にかけて、領内における太閤検地が完了した奥羽の中小領主にも発給されています（若松正志「豊臣政権と奥羽の領主――中小領主の動向を中心に」〔『歴史』七六、一九九一年〕）。したがって、それらと違う形式を持っているこの秀吉朱印状は、領域の支配を認める内容を持つとはいえ、領知朱印状という範疇に含めることはできません。

江戸時代初期における南部家の領地は、現在の青森県東部・岩手県の北部・秋田県の一部にまたがる糠部《ぬかのぶ》・鹿角《かづの》・岩手・閉伊《へい》・志和《しわ》・稗貫《ひえぬき》・和賀《わが》各郡ですが、「南部内七郡」については、このうちのどこに該当するのか明瞭に記されていません。そのため、①徳川将軍から与えられた領知判物《りょうちはんもつ》という文書に記される郡名に、当時南部家の支配が及んでいた地域をあてはめた説（北郡・三戸郡・二戸《にのへ》郡・鹿角郡・九戸郡・岩手郡・閉伊郡）、②中世の文書で存在が確認される郡や保といった行政単位を盛り込んだ説（糠部郡・閉伊郡・鹿角郡・久慈《くじ》郡・岩手郡・志和郡・遠《と》野《お》郡）、③のちの南部領の範囲を採った説（糠部郡・閉伊郡・鹿角郡・岩手郡・志和郡・稗貫郡・和賀郡）の三説が存在しています。

奥羽仕置の際、豊臣政権に臣従した領主への知行割原則は、その段階で該当領主が実効支配を行なっている地域をそのまま知行として安堵する「当知行安堵《とうちぎょうあんど》」であったとされています（若松前掲論文）。「当知行安堵」が行なわれたとすると、南部氏に与えられた領地は、仕置の時点で南部氏の支配が及んだ地域ということになります。

江戸時代中期の編纂史料である『祐清私記《ゆうせいしき》』（もりおか歴史文化館所蔵）によれば、信直は天正十四年九月に岩手郡滴石《しずくいし》（現・岩手県岩手郡雫石町）の斯波《しば》家を、さらに同十六年その本家にあたる志和郡の斯波家を滅ぼし、岩手・志和両郡を手中に収め、その後同十七年頃までに遠野・閉伊を支配領域に組み込んだとされます。これらの記述が正しければ、これらの地は信直の「当知行」として認められたことになりますが、それ以南の和賀・稗貫には奥羽仕置以前に独立領主がいて支配が及ばず、南部家の支配領域が拡大することは、この時点ではなかったということになるでしょう。

また、南部家の勢力下にあった現在の青森県西部、津軽地方は、戦国末期に大浦《おおうら》（津軽）為《ため》信《のぶ》の下剋上によって奪取されましたが、秀吉は、天正十八年正月十六日付けの為信に宛てた朱印状で、為信の津軽領有を暗に認証しています（『青森県史』資料編近世1、編年史料二八号）。したがって「南部内七郡」には、津軽地方は含まれず、信直の実効支配地域に限定されていると見て良いでしょう。

いずれにしろ、①・②・③説それぞれで明示されている個別郡名は、類推の部分が多いのです。この時点において実際にどのような郡名が存在していたのか不明な部分があり、当時の郡域・郡名を一次史料で裏づけることは、実は難しいと考えます。

南部信直に宛てた秀吉の朱印状は、「領知朱印状」や「領知安堵状」などではなく、覚書としての性格を持っており、信直は、第一条で認められた領地の支配と引き替えに、第二条以下で示された豊臣政権が示す諸政策を領内で実行し徹底することが求められたとみるべきでしょう。

秀吉朱印状の第二条以下は、秀吉が掲げる政策の実現を信直に要求したものです。信直の領地支配を認める代わりに、認めた領地において信直が豊臣政権の「代理人」として実施を求められたものとは何だったのでしょうか。順を追って見ていきたいと思います。

第二条では、信直の妻子の京都在住を命じています。『多聞院日記《たもんいんにっき》』によれば、天正十七年九月、豊臣政権は大名妻子の在京を定めており、秀吉の実弟秀長《ひでなが》の妻子ですらそれを免れることはできませんでした。藤木久志氏はこれを小田原攻めに関わる東国への動員態勢の一環ととらえました（『日本の歴史十五　織田・豊臣政権』小学館、一九七五年）。しかし、秀吉の宣戦布告が同年十一月であることを考えると、東国情勢とは切り離して、秀吉と大名間の主従関係に基づく大名統制策の一環として、この時点に強化されたものだととらえた方が良いと思われます。信直については、秀吉が天正十八年八月十一日付けで島津義久《しまづよしひさ》に宛てた朱印状に「伊達始め南部・山形、妻子在洛のため差し上げ」とあり（『青森県史』資料編近世1、編年史料五四号）、伊達政宗や最上義光《もがみよしあき》らと同時期にその妻子を差し出したものと見られます。

第三条では、領内の検地を実施して領主財政を確立することが定められています。

南部領における検地の実施過程には、この段階の検地帳が一冊も現存していないなどの史料的な制約から、実施状況を含めて不明な点が多くあります。渡辺信夫氏は、奥羽仕置段階において、豊臣政権によって大名領主権が確立しているとみなされ、領内における自領の検地を実施する権限も含む大幅な自分仕置権《じぶんしおきけん》を与えられた伊達政宗・最上義光《もがみよしあき》・南部信直の領国では、豊臣政権から派遣された奉行による強制的な太閤検地が実施された形跡がみられないと指摘しています（渡辺前掲論文）。一方、奥羽仕置によって旧領主が所領を没収された地域では、奉行派遣による豊臣政権直轄の太閤検地が実施されました。こののち南部領となる和賀・稗貫両郡についても、浅野長吉《あさのながよし》らが検地を行なっており、この折に作成された検地帳が存在していたことが、江戸時代の盛岡藩藩政史料から確認できます（「書留　御領分所々検地之部」もりおか歴史文化館所蔵）。

ただし、よく知られているように、天正十九年五月に「御前帳《ごぜんちょう》」と呼ばれる検地帳の提出が全国に命じられていますが、南部領では一揆が領内で発生しており、検地を実施できる状況ではありませんでした。南部家が「御前帳」の提出を行なったとすると、そこに記された内容は、実際に現地で検地を行なった結果によるものではないでしょう。実際の領内検地は一揆の鎮定後に行なわれたものと考えられます。

出羽羽黒山《はぐろさん》（現・山形県鶴岡市）の山伏在庁坊が、鹿角郡柴内《しばない》（現・秋田県鹿角市）にあった知行に検地が及び抗議したことに対する、信直の返書が残されています。信直は「神田があることを知っていたなら検地の手をつけなかったが、知らなかったため検地を実施した。旧来どおり知行してよい。ただ、検地は京・田舎を問わず実施されているものだから、奉行の落ち度ではない」と述べています（『岩手県史』第五巻近世篇2、四二頁）。既得権を主張する寺社勢力に対して、検地実施を謝罪し、言い訳を試みており、南部家の大名領主権が確立過程の途上にあることを示します。ただ、検地そのものの実施は統一政権の政策であって、大名の権限で左右できるものではないという認識も、統一権力とその政策を施行する立場の大名という関係が成り立っていたことを示す上で重要です。

3　南部領内の城破り

続けて、残りの二ヶ条分を確認しておきます。

第四条では、領内の「城破《わ》り」と、家臣妻子の信直の城下町である三戸への集住が規定されています。

「城破り」とは、在地小領主の根拠となっていた城郭を破壊することです。在地小領主の独立領主たる基盤を除去して大名家臣化を促進するとともに、大名たちの居城を、これまでの独立した戦国大名の本拠から、豊臣政権代理人として地域支配を実施するための場に転換させることを目指したものです。さらに、大名家臣たる小領主たちの大名城下への集住促進は、大名への地域権力の集中、大名家臣団の強化にも繋がりました（藤木久志「中世奥羽の終末」〔小林清治・大石直正編『中世奥羽の社会』東京大学出版会、一九七八年〕）。

奥羽仕置においても、この城破りが持ち込まれています。しかし南部領では、天正十九年に発生した領内一揆の際、在地小領主層の城館が一揆方の根拠地になりました。和賀・稗貫郡において発生した一揆でも同様です。一揆の終末によって、ようやく領内における城破りの条件が整い、実施が可能になったのです。のちに盛岡藩内で編まれた史書には、検地や刀狩といった豊臣政権の政策については言及されていないのですが、この城破りについては詳細な言及があります。後世まで語られ、記録されるほど、在地権力の象徴である城が壊され、統一政権をバックにした近世大名の権力がそれに取って代わるという象徴的なできごとが、南部領の人々に強烈な印象を与えたということなのでしょう。

豊臣政権側に提出された文禄元年（一五九二）六月十一日付けの「南部大膳大夫分国之内諸城破却共書上事」（以下「破却書上」。『青森県史』資料編近世1、編年史料一三〇号）によれば、一揆方の根拠となった城館の多くが、一揆終了後「信直抱」として代官が設置されたようです。そして別表に示したように、南部領内に存在した四十八城のうち十城が「不破城」として存置され、残り三十八城が破却の対象とされました（ただし、「破却書上」末尾には四十八城のうち「不破城」が十二と記されています）。秀吉の朱印状では「悉く破却」とされた南部領内の諸城が、一揆を経て、不安定な領内を支えるために一部存置されるという方針に転換されたことを示しています。

『祐清私記』によれば、南部領における城破りと城普請の方針は、

①鹿角の城々は秋田境の要地なので、関城として毛馬内・大湯・長牛《ながうし》（現・秋田県鹿角市）を残す。

②一戸《いちのへ》・八戸・北郡の城々は三戸周辺であるから南部信直が破却する。

③櫛引《くしびき》・七戸《しちのへ》・九戸の城々は一揆方であったから徹底的に破却するが、七戸城のみは津軽の押さえとして残す。
④そのほかの支城は、信直の下知で文禄元年春より破却に取りかかる。
⑤岩手・閉伊・志和・和賀・稗貫の城々は、上方勢の帰還の道筋にあるものは大部分破却し、残りは来年春に信直が破却する。

というものだったとされています。すなわち、隣領との境目の城は存置される一方、一揆方の根拠となった城は破壊する方針が立てられました。また、九戸攻めの秀吉軍が帰還する道筋にある城は彼らが破却し、残余の城は信直が破却したことになります。また、鹿角の諸城破却は、岩手・志和・閉伊の城々とともに、浅野長政《ながまさ》（長吉）の家臣内山助右衛門によって行なわれたと言います。南部領内の城破りは、一揆鎮圧のために乗り込んだ豊臣勢と南部家の両者によって行なわれたというのです。すべてが同書の記述通りではないにしても、「破却書上」の書き上げを求めている点からみて、豊臣政権の城破り関与、あるいは少なくともその状況を把握していたことは確かなようです。

小林清治氏は、南部家にとって重要な軍事・交通・領内経済といった側面から城の存廃が決定されたとしています（『奥羽仕置の構造——破城・刀狩・検地』吉川弘文館、二〇〇三年）。この点から「破却書上」を見ると、秋田・津軽と境を接する鹿角郡の毛馬内《けまない》・花輪《はなわ》両城、津軽領との

別表　南部領内諸城の存廃

郡名	城館名	種別	存廃	城館主	代官	所在地（現在地名）	備考
和賀郡	鬼柳	平城	破却	南部主馬	鬼柳源四郎	岩手県北上市	
	二子	平城	破却	南部主馬	川村左衛門四郎	岩手県北上市	
	山崎	山城	破却	信直抱	藤四郎	岩手県北上市	「岩」崎カ
	江釣子	平城	破却	信直抱	川村与三郎	岩手県北上市	
	安俵	平城	破却	信直抱	中野修理	岩手県花巻市	
稗貫郡	鳥谷崎	平城	存置	南部主馬		岩手県花巻市	
	十二丁目	平城	破却	寺前縫殿助		岩手県花巻市	
	寺林	平城	破却	信直抱	左平次	岩手県花巻市	
	新堀	山城	存置	江刺兵庫		岩手県花巻市	
	大迫	山城	破却	信直抱	九日町九郎兵衛	岩手県花巻市	
志和郡	片寄	山城	破却	中野修理		岩手県紫波郡紫波町	
	肥爪	平城	破却	信直抱	川村中務	岩手県紫波郡紫波町	
	見舞	平城	破却	信直抱	日戸内膳	岩手県盛岡市	
	長岡	平城	破却	南部東膳助		岩手県紫波郡紫波町	
	乙部	平城	破却	福士右衛門		岩手県盛岡市	
岩手郡	不来方	平城	存置	福士彦三郎		岩手県盛岡市	
	厨川	平城	破却	工藤兵部少輔		岩手県盛岡市	
	下田	平城	破却	川村中務		岩手県盛岡市	
	沼宮内	山城	破却	川村治部少輔		岩手県岩手郡岩手町	
	滴石	平城	破却	信直抱	八日町兵太郎	岩手県岩手郡雫石町	
	一方井	山城	破却	安保孫三郎		岩手県岩手郡岩手町	
閉伊郡	増沢	山城	存置	浅沼忠次郎		岩手県遠野市	
	横田	山城	破却	信直抱	九戸左馬助	岩手県遠野市	九戸左馬助は信直に随行、肥前名護屋在陣中
	板沢	山城	破却	浅沼藤次郎		岩手県遠野市	
	千徳	山城	破却	一戸孫三郎	留守居 甲斐守	岩手県宮古市	一戸孫三郎は信直に随行、肥前名護屋在陣中

	田鍍	山城	破却	佐々木十郎左衛門	留守 兵庫	岩手県宮古市	佐々木十郎左衛門は信直に随行、肥前名護屋在陣中
鹿角郡	毛馬内	山城	存置	南部大学		秋田県鹿角市	
	花輪	山城	存置	大光寺左衛門佐		秋田県鹿角市	
糠部郡	姉帯	山城	破却	野田甚五郎		岩手県二戸郡一戸町	
	一戸	平城	破却	信直抱	石井新助	岩手県二戸郡一戸町	
	葛巻	山城	破却	工藤掃部助		岩手県岩手郡葛巻町	
	野田	山城	破却	一戸掃部助	留守居 子息角蔵	岩手県九戸郡野田村	一戸掃部助は信直に随行、肥前名護屋在陣中
	久慈	山城	破却	信直抱	久慈修理	岩手県久慈市	
	種市	山城	破却	久慈孫三郎		岩手県九戸郡洋野町	
	古軽米	山城	破却	古左衛門佐		岩手県九戸郡軽米町	
	金田一	平城	破却	信直抱	木村杢尉	岩手県二戸市	
	三戸	平城	存置	信直留守居	甲斐守	青森県三戸郡三戸町	
	名久井	平城	存置	南部中務	留守 彦七郎	青森県三戸郡南部町	南部中務は信直に随行、肥前名護屋在陣中
	剣吉	平城	存置	南部左衛門尉	留守 彦八郎	青森県三戸郡南部町	南部左衛門尉は信直に随行、肥前名護屋在陣中
	浄法寺	山城	破却	畠山修理		岩手県二戸市	
	櫛引	平城	破却	信直抱	桜庭将監	青森県八戸市	
	八戸	平城	破却	南部彦次郎	名代 弥十郎	青森県八戸市	南部彦次郎は信直に随行、肥前名護屋在陣中
	中市	平城	破却	小笠原弥九郎		青森県三戸郡五戸町	
	新田	平城	破却	南部彦七郎		青森県八戸市	
	沢田	平城	破却	恵比奈左近		青森県十和田市	
	洞内	平城	破却	佐藤将監		青森県十和田市	
	七戸	平城	破却	信直抱	横浜左近	青森県上北郡七戸町	
	野辺地	山城	存置	七戸将監	留守 左近	青森県上北町野辺地町	七戸将監は信直に随行、肥前名護屋在陣中

「聞老遺事」七・南部大膳大夫諸城破却書上写（『青森県史』資料編近世1、編年史料一三〇号）により作成。

境にある野辺地《のへじ》城、伊達領に対する鳥谷崎《とやがさき》・増沢《ますざわ》（鱒沢）城と、軍事的に重要な領境近くの城が存置されています。一方、存置された城のうち、鳥谷崎（南部主馬）・新堀《にいぼり》（江刺兵庫）・片寄《かたよせ》（中野修理）・増沢（浅沼忠次郎）・名久井《なくい》（南部中務）・剣吉《けんよし》（南部左衛門尉）・毛馬内（南部大学）・花輪（大光寺左衛門佐）の諸城（カッコ内は城を「持分」とされた城主）のように、南部一門・有力家臣の「持分」となっていることも注目したいと思います。これは、家督以来信直の大名権力を支えている一門・有力家臣への配慮もあったと考えられます。

南部領の城破りがどのようなものだったのかは、南部家の一門南部（八戸）彦次郎の居城で、破却対象とされた八戸城（根城《ねじょう》）の発掘調査によって明らかにされています。十六世紀末のものと考えられる遺構から、城の防備上重要な施設である虎口《こぐち》・門・橋・柵・堀・土塁《どるい》などの破壊・埋め立てが実施された一方、政務を執る施設・住居部分は破壊されていないことから、防御施設である城としての機能を喪失させれば破却とみなされたと考えられています（栗村知弘・佐々木浩一「根城跡――近世家臣団編成と秀吉諸城破却令」〔藤木久志・伊藤正義編『城破りの考古学』吉川弘文館、二〇〇一年〕）。

城破りで存置された城館は、江戸時代の盛岡藩でも、花巻（鳥谷崎）城のように南部家の支城として、また毛馬内館のように南部家一門・有力家臣の知行所における居館として機能したものもあります。一方、盛岡藩の地方統治は、通《とおり》と呼ばれる区域を単位とし、各通毎に代官所を置くことが基本でしたが、その要となる代官所のうち、田名部通《たなぶどおり》は田名部館跡、野辺地通《のへじどおり》は野辺地城、七戸通《しちのへどおり》は七戸城の一部、五戸通《ごのへどおり》は五戸館跡、花輪通《はなわどおり》は花輪館の二の丸跡といった具合に、城館（跡）や施設の一部を利用して設置されたものがあります。在地領主による地域支配の拠点だった館の跡は、近世大名となった南部家の領国経営の上でも地域支配の拠点として活用されたのです（関根達人「城跡に見る南部氏・津軽氏　近世大名への道筋」〔小林昌二監修、長谷川成一・千田嘉博編『日本海域歴史大系』四・近世篇Ⅰ、清文堂出版、二〇〇五年〕）。

この南部領における城破りに伴い、信直居城への家臣とその妻子集住が強制的に進められました。例えば、文禄二年閏九月、朝鮮出兵の前線基地肥前名護屋《ひぜんなごや》（現・佐賀県唐津市）に在陣していた信直に代わり領内の政務を代行していた嫡子の南部利正《としまさ》（のち利直《としなお》）が、家臣の轟木《とどろき》・台《だい》・口内《くちない》に夏から命じていた「足弱《あしよわ》」差出を実行しなかったとして彼らを叱責し、改めて二十日以内の差出を命じています（『青森県史』資料編中世2、六七五号―四〇）。「足弱」とは女・子供・老人の意味ですから、妻子の城下への移転を怠った家臣に対して、その実施を強く求めたものです。秀吉が方針として示した家臣団の城下集住実施を施行することによって、徐々に信直による家臣団統制が進展を見たことが指摘できます。

第五条では、示された政策を実施するにあたって、それに抵抗する者に対しては、秀吉自らが断固たる処置をすると述べられています。

秀吉朱印状で求められた豊臣政権の方針を領内で実現することは、信直にとって高いハードルでした。認められた領地の中で信直の領主権力が確立していれば、朱印状の条項は直ちに実現できたでしょう。しかし、自領における信直の大名支配権は、まだ確固たるものではありませんでした。信直は、南部家一門の南部（八戸）政栄《まさひで》・南部（北）信愛《のぶちか》をはじめとする家臣に支えられてはいたものの、領内の在地小領主たちを強固な家臣団として組織できませんでした。加えて傍系から家督を継いだ信直に対する根強い反発が、一門の九戸《くのへ》政実《まさざね》を中心に存在していたのです。天正十八年の秋から、奥羽仕置に反発する動きとして奥羽各地で一揆が発生すると、それに刺激されて南部領内でも、九戸政実を中心とする一揆が勃発しました。この一揆の原因を仕置奉行だった浅野長吉の家臣は、信直が秀吉に奉公を遂げているにもかかわらず、一揆方がいずれも「京儀《きょうぎ》」を嫌ったからだと分析しています（『青森県史』資料編近世1、編年史料七二号）。上方から豊臣政権によって南部領にもたらされた仕置政策や、それを政権の代理人として自領内に施行しようとする信直への反発ということであると解釈できます。

　天正十八年八月十二日付けの、有名な秀吉朱印状（『浅野家文書』五九号）があります。「なで切り令」と呼ばれるこの朱印状の中で、秀吉は、奥羽仕置の施行に抵抗する者に対し、在地の城主は城に追い込んで城兵まで一人も残さず、また百姓ならば郷村の一つや二つでも「なてきり（撫切り）」をもって鎮圧し、仕置の実施は「山のおく（奥）、海はろ（櫓）・かい（擢）のつゝき候迄」徹底的に及ぼすという意気込みを示しています。実際、鎮圧された九戸一揆の拠点、九戸城（現・岩手県二戸市）の二の丸発掘調査で発掘された人骨を見ると、落城時実際になで切りが行なわれたことが確認されます（百々幸雄「九戸城二ノ丸跡出土人骨」〔百々幸雄・竹間芳明・関豊・米田穣『骨が語る奥州戦国九戸落城』東北大学出版会、二〇〇八年〕）。天正十八年に発生した葛西《かさい》・大崎《おおさき》一揆の鎮圧において伊達政宗が行なったのと同様（同年十月八日付け伊達政宗書状〔『山形県史』資料編15上、古代中世史料、四一〇頁〕、同年十月二十四日付け南部信直書状〔『青森県史』資料編近世1、編年史料六一号〕）です。「なてきり」は、秀吉が奥羽において施行する政策の反対者に対する基本的なスタンスで、言葉の上だけではなく、実際に政権の方針に反する者に対して、条文内容が「適用」されたのです。この「京儀」への抵抗＝一揆が豊臣勢によって鎮圧されて初めて、圧倒的な政権の力を背景とした、信直による領内仕置が実現することになったのです。

おわりに

天正十八年七月末に豊臣政権から南部信直の支配権が認められた「南部内七郡」には、独立的志向が強い在地領主層が存在し、信直の近世的大名権力の確立を阻害していました。信直の家中として位置づけられた彼らの反発は、仕置方針・信直の領国支配への反発と相まって、九戸一揆へと繋がっていきます。こうした九戸政実らの勢力が、強大な豊臣勢の来援によって軍事的に排除されたことで、信直は「南部内七郡」の領内統一に成功し、太閤蔵入地だった和賀・稗貫両郡にも領域を拡大しました。

一方、豊臣政権に属した奥羽大名が直面した大きな課題は、朝鮮侵略時の肥前名護屋在陣に代表される軍役動員や伏見築城時に賦課された普請役といった、「際限なき軍役」と称される大名課役への対応であり、それに適応するための領内環境の整備でした。

南部家の場合は、九戸一揆鎮圧で見せつけられた強大な軍事力を有する豊臣政権を後ろ盾にして、検地実施、領主財政の確立、家臣抱城の破却・城下集住という、秀吉朱印状で示された仕置方針を強制的に領内で展開することが可能になりました。それらを領内に浸透させていく過程を通じて、初めて南部家の大名領主権が領内統治の面で機能し得たと言えます。南部家は、豊臣政権を背景として領内統治の一応の安定を得たわけで、高木昭作氏が喝破したように、近世大名としての南部家は、秀吉を頂点とした平和ないし秩序維持の機関として、秀吉の強制によって「創設」されたものだったのです(「近世の身分と兵農分離」(『日本近世国家史の研究』岩波書店、一九九〇年))。

統一政権と大名の関係を検討する作業においては、統一権力の側の挑戦と、地域権力の対応という視点を強調するばかりではなく、統一政権・地域権力（大名）相互の交流の中で、政権が地域権力に求める方針を実現させるために使われる強権的な手法、政権側が大名やその領国の実情を踏まえて政策修正を迫られた部分、それぞれを見出すことが可能だと思うのです。

秀吉の全国統一に向けての動きは段階的に行なわれていきました。その政治的・軍事的な背景はそれぞれに違いがあって、そのすべてにここで採り上げた北奥羽の事例を当てはめることはできないでしょう。しかし、いたずらに対象となった地域の特性を強調することばかりに精力を注ぐのではなく、他地域における場合との比較・対照を行なうことで、共通点、相違点も見出すことができ、そこから歴史の新たな視角を生み出すことに繋がるのではないかと考えます。

第五章 秀吉と天皇

山本博文

はじめに

秀吉と朝廷、あるいは天皇との関係についての研究には、朝廷や天皇の「権威」というものを過大に評価する論調が目立ちます。例えば、秀吉が諸国の戦国大名に停戦を命じたいわゆる「惣無事令」にしても、薩摩の島津氏に宛てた直書で、「勅諚に付き……」と書いていることを根拠に、天皇権威を持ち出さざるをえなかったように理解されているように思います。甥の豊臣秀次が関白になったことで、秀吉の太閤権力と秀次の関白権力が拮抗しているように描く歴史像も同様です。

しかし、当時の朝廷や天皇は、それほど大きな存在だったのでしょうか。私は、この点に根本的な疑問を持っています。織田信長以来、天皇は武家の権力に保護されることによって、それまでの「貧乏天皇」の時代から、武家と公家の上に立つ「王」としてのささやかな経済力と権威を取り戻してきました。秀吉の時代は、その最終段階と言っていいでしょう。金銭的な援助は言うまでもなく、武家が天皇から官位を貰って臣従する体制を創ることができたのも、秀吉の政策のおかげです。こうした天皇が、秀吉から独立した「権威」を持つことができたでしょうか。天皇が秀吉に送った手紙（宸翰《しんかん》）を読み込むことによって、この問題を考えていきましょう。

1　秀吉の朝鮮渡海をとめた後陽成天皇の宸翰

秀吉に擁立された後陽成天皇が、朝鮮出兵の時、秀吉に渡海を思いとどまるよう要請した宸翰（京都国立博物館所蔵）があります。次のようなものです。

【史料①釈文】

高麗国への下向、嶮路波濤《けんろはとう》をしのかれむ事、無勿体候《もったいなくそうろう》。諸卒をつかはし候ても可事足哉《ことたるべきや》。且《かつは》朝家のため、且《かつは》天下のため、かへすぐ発足遠慮可然《しかるべく》候。勝を千里に決して、此度《たび》の事おもひとまり給候《たまいそうら》ハヽ、別而悦《べっして》おほしめし候へく候。猶、勅使申へく候。あなかしく。

太閤とのへ

【史料①現代語訳】

高麗国への下向、苦労して波濤を越え険路を行くことは、おそれ多いことです。家来の軍勢だけを派遣するだけで足りるのではないでしょうか。朝廷のため、また天下のため、返す返す出発は思いとどまるべきです。遠い日本から指示して戦いに勝利することにし、この度の計画を思いとどまりになれば、たいへんに悦ばしく思われます。なお、勅使が申すでしょう。あなかしく。

太閤殿

後陽成天皇は、元亀二年（一五七二）十二月十五日、正親町天皇の皇子誠仁《さねひと》親王の第一王子として生まれました。父が皇位を継承しないうちに歿したため、天正十四年（一五八六）十一月七日、践祚します。この時が数えで十六歳、朝鮮出兵が始まった頃は二十歳過ぎの若者に過ぎません。

豊臣秀吉宛後陽成天皇宸翰

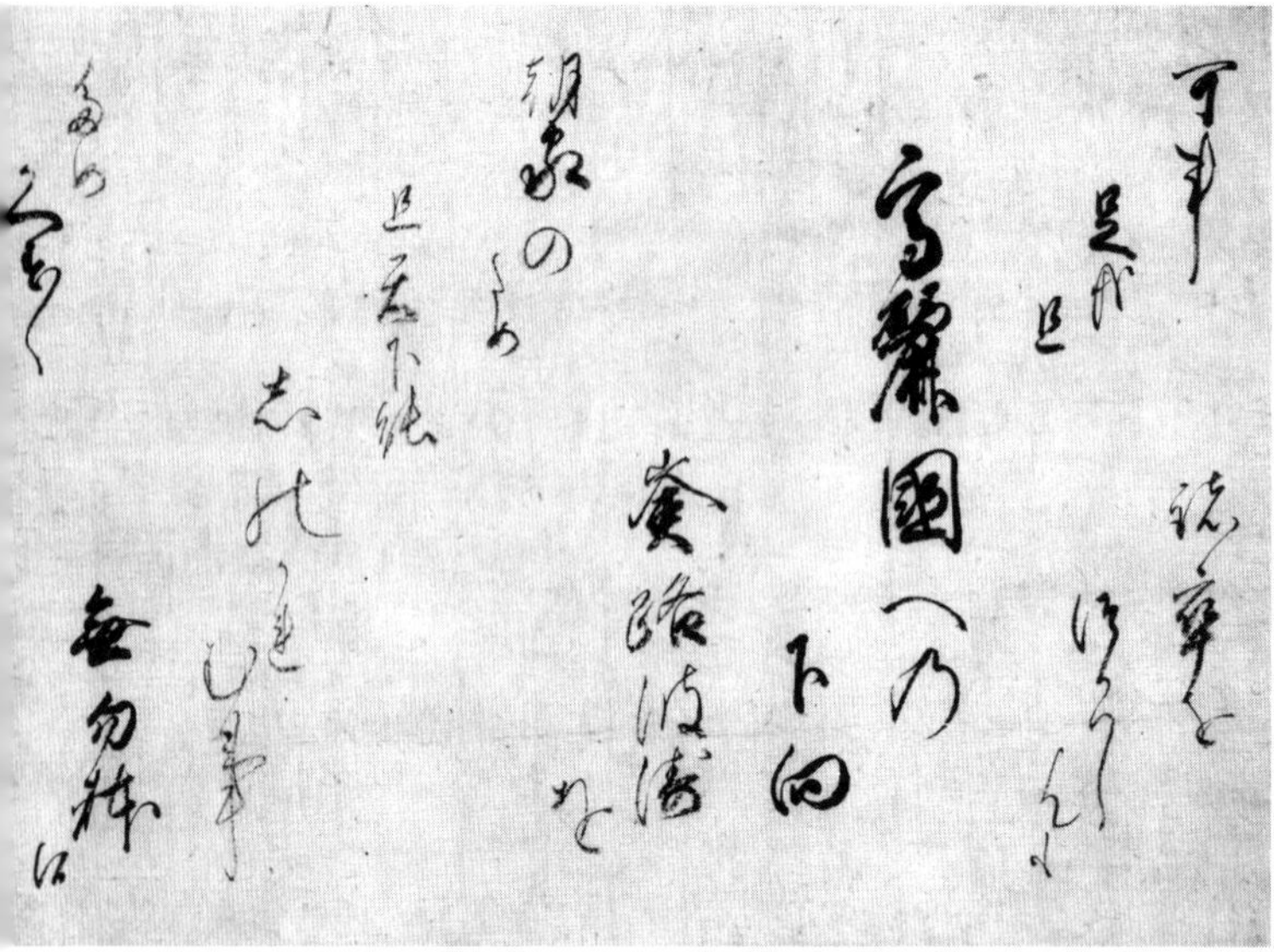

（京都国立博物館所蔵）

まず、文書様式について解説しておきましょう。写真図版を見ればわかるように、優美な文字で書かれ、ちらし書きになっています。こうした文書様式は、「女房奉書」に特徴的なものです。天皇に仕える女官（女房）が、天皇の意を受けて出す文書です。しかしこの時代には、天皇自身が女房奉書を書くことがよくありました。それを「宸翰女房奉書」と呼びます。天皇の発給文書には「勅書」や「綸旨」などさまざまな形式がありますが、女房が出すような文書様式で、天皇自身の意思を表明したわけです。ただしこの文書には、女房奉書に特徴的な「申せとて候」という、女房が天皇の意を奉じて出したという文言がありません。女房奉書の形式で出した天皇の手紙（宸翰）なのです。ちなみに、宛所の「とのへ」は「殿」の崩し字です。崩し方が大きいほど薄礼になります。

秀吉自身の朝鮮出陣を「無勿体候」と言い、「朝家」のため「天下」のために、出陣は遠慮するように要請し、そうしてもらえれば「別而悦おほしめし候へく候」と言っているのです。この文面からは、後陽成天皇が本気で秀吉の朝鮮出陣を思いとどまらせようとしたことが伝わってきます。哀願しているようにも思える文章です。

この文書は、作成年代についても意見が対立しており、またさまざまな解釈がなされています。まず、それを紹介しておきましょう。

橋本政宣氏は、九月九日付けで後陽成天皇に宛てた秀吉請文（永青文庫所蔵）を根拠に、天正二十年九月の文書だと推定し、次のように論じています。

後陽成天皇が秀吉の高麗下向に対して、「おもひとどまり給候はゝ、別而悦おほしめし候へく候」との見解を示していることの意味は大きく、これは豊臣統一政権の総力をかけた対外戦争に対する一つの見解が示されているといえるであろうし、この戦争に於ける天皇の位置づけから考えれば、この発言はすぐれて政治的な発言であったと言えよう。そして完全に無視しえない状況でしかなく、秀吉の朝廷政策も文禄年間頃から序々に変わっていくが、豊臣政権ではいまだ天皇の政治的発言の一切を封じ込めるという大勢には至っていないのであり、ここにこの政権の一つの大きな問題があるといえるのであり、徳川政権が「禁中并公家諸法度」の第一条に「天皇諸芸能の事、第一御学問也」と規定していることと対処すれば、それが一層明瞭であろう。

（「後陽成天皇に対する秀吉の請文」〔『日本歴史』三五七号、一九七八年〕）

天皇が意見表明したことをもって、それを許してしまった豊臣政権の弱点を見る、という論調です。橋本氏も、朝廷と豊臣政権を対立的に見ているのでしょう。

この「すぐれて政治的な発言」という部分を敷衍して、これが天皇の行幸拒否、すなわち天正二十年五月段階で構想された天皇の北京行幸計画を拒否する政治的な発言だとするのは、中野等氏です。中野氏は、年代を橋本氏に従ってとりあえず天正二十年九月頃としながら、次のように述べています。

発給の時期が動けばその意義にも変化が生じるので、この「勅書」の位置づけも慎重にならざるをえないが、あえて私見を述べれば、後陽成天皇の主観的意図が秀吉の渡海の制止にあったとしても、政治的効果としてはみずからの行幸拒否に結果するのではないかと考える。「叡慮」に従ってきた秀吉が、天皇を「険路波濤をしのかれむ」状況におくことはまさしく「勿体無き」こととといわざるを得ない。その意味で、ここにあげた宸翰のもつ意味は重い。こうして、天皇の北京移徙は可能性のレヴェルにおいても消滅してしまい、五月十八日付の秀次充て書状で披瀝されたような国家拡張計画は、その根幹から否定されることになる。

(『戦争の日本史16　文禄・慶長の役』吉川弘文館、二〇〇八年)

しかし、素直に読めば、後陽成天皇の宸翰は秀吉の渡海を思いとどまらせようとしただけで、自分が北京に行くことを拒否するような政治的効果をねらったものと見ることはとうていできません。「秀吉が、天皇を『険路波濤をしのかれむ』状況におく」とすれば確かに勿体ないことでしょうが、そもそも、なぜこの史料からそのような結論になるのでしょうか。

おそらく両者の説は、天皇の政治的位置を高く見積もり過ぎたことから導き出されたものでしょう。橋本氏の論文は一九七八年に書かれており、朝廷と武家政権の関係を対立的に考える当時の学界状況が反映されたものと思われますが、中野氏の著書は二〇〇八年のものです。藤井譲治氏も、二〇一一年に刊行した『天皇と天下人』（講談社）において、「後陽成天皇は、この勅書で、秀吉の朝鮮渡海を思い止まらせることで、秀吉の三国国割構想、中でも天皇の北京移徙をやんわり拒否したのである」と述べています。この三十年の間、朝廷と武家政権についての学界の認識は変わっていないのでしょうか。

2　秀吉の渡海計画の変遷

まず、この宸翰が出された時期を考えましょう。秀吉の渡海が問題となるのは、天正二十年六月と、翌文禄二年三月です。

天正二十年五月十六日、朝鮮の首都漢城を落としたという注進を受けた秀吉は、翌月には朝鮮に出陣しようとします。小西行長らの第一軍が朝鮮に上陸し、釜山城を囲んだのが四月十三日のことですから、わずか一ヶ月ほどで朝鮮の首都を占領したという報告を受けたことになります（漢城入城は五月三日）。秀吉が明にまで乗り込もうとした（「大明御動座」）のも当然です。

同月十八日には、甥の関白秀次に宛てた朱印状（尊経閣文庫所蔵）で、後陽成天皇を北京に移すという構想を表明します。これは、天皇を大明国の帝位につけ、「大唐関白」に関白秀次をあて、「日本帝位」には若宮（後陽成天皇の皇子良仁親王）か八条宮（皇弟の智仁親王）をつけ、「日本関白」に羽柴秀保（秀次の弟）か宇喜多秀家（秀吉の養子）を付けるなどという「三国国割計画」として有名な文書です。その冒頭の二条は、次のようなものです。

【史料②釈文】

一、殿下陣用意不可有油断《ゆだんあるべからず》候。来正、二月比可為進発《ごろしんぱつたるべき》事。

一、高麗都は二日落去候。然間 弥《いよいよ》 急度被成御渡海《ごとかいなされ》、此度大明国迄も不残被仰付《のこらずおおせつけられ》、大唐之関白職可被成《おわたしなさるべく》御渡候事。

【史料②現代語訳】

一、殿下の陣の用意は、油断してはなりません。来年正月、二月頃の進発予定です。

一、朝鮮の都・漢城は二日に陥落しました。そのため、いよいよ必ず御渡海なさいます。

この度、大明国までも残らず占領し、大唐の関白職を御渡しなさいます。

第一条は、殿下（秀次）に出陣の用意をし、来年正月・二月頃に進発の予定とせよ、と命じたものです。第二条からは、秀吉自身が、漢城の陥落を知っていてもたってもいられず、名護屋からすぐにでも渡海し、単に朝鮮に渡海するだけではなく、明までも征服しようと考えていたことが窺えます。

しかし、これを不安視した家康は、「船頭どもが言うには、土用のうち、七月は不慮の風が吹く恐れがあるので、万一のことがあれば天下一同が相果てることになります。私と前田利家をまず派遣いただければ、上意の趣はおおむね命じます」と涙を流しながら秀吉を止めます（『鹿苑日録』文禄二年裏文書）。利家も同様でした。

このため、秀吉も拙速な渡海は断念し、石田三成・増田長盛・大谷吉継らの奉行を渡海させ、現地の軍勢の目付役とします。石田らは、六月六日に名護屋を出船し、七月十六日に漢城に着きます（翌文禄二年五月十三日に帰国）。

跡部信氏は、「大明御動座」の延期を八月三十日頃と推測しています（「秀吉の朝鮮渡海と国制」〔『大阪城天守閣紀要』三十一号、二〇〇三年〕）が、次の六月二十日付け北政所の侍女「こや」宛の自筆書状（『豊太閤真蹟集』東京大学史料編纂所）によると、この頃にはすでに朝鮮渡海延期の決心をしていたのです。

【史料③釈文】

(前略)かうらい《高麗》へ八、三月一たん《段》とうミ《海》のおもてよく候と申候まゝ、はるまでのへ《延》申、なこや《名護屋》にてとしおとり可申《もうすべく》候。こらい《高麗》へはや大くわん《代官》つかわせ候。なこやのふしん《普請》をさせ申し候。(中略)かへす〱、はやくこらい《高麗》ゑは、うミのおもてなミあらく候まゝ、はるになり候てこし可申候まゝ、心やすく候へく候。

【史料③現代語訳】

朝鮮へは、三月はいちだんと海が穏やかだというので、春まで延期し、名護屋で歳をとるつもりです。朝鮮へは、もう代官を遣わしました。名護屋の普請も命じました。(中略)返す返す、もう朝鮮へは、海の浪が荒いので、春になって渡海するつもりなので、安心してください。

秀吉は、石田らを代官として派遣した時、すでにこの時の渡海は止め、来春とすることに決していました。大名たちにそれを明らかにしたのは、大政所危篤の報を受けて大坂に帰った後の八月三十日で、「大明御動座」は延期、渡海は来春とする、と発表しています（『吉川家文書』一―七五二号）。

さて、「三国国割計画」の第十七条では、次のように天皇の北京行幸が表明されています。

【史料④釈文】

一、大唐都へ叡慮《えいりょ》うつし可申《もうすべく》候。可有其御用意《そのごよういあるべく》候。明後年可為行幸《ぎょうこうたるべく》候。然者都廻の国々十ケ国可進上之《これをしんじょうすべく》候。其内にて諸公家衆何《いづれ》も知行可被仰付《おおせつけらるべく》候。下ノ衆可為十増倍《じゅうぞうばいたるべく》候。其上之衆ハ可依仁躰《じんていによるべき》事。

【史料④現代語訳】

一、大唐の都へ天皇を移します。その御用意をしてください。明後年には行幸になります。その時は都周辺の国々を十ケ国進上します。その中で、諸公家衆にも知行を下されます。下級の衆はこれまでの十倍、上級の衆はその人の身分によって然るべき知行が下されます。

この後の経過から見れば夢想とも思える計画ですが、天皇が連れて行く公家の人選を始めている（『鹿苑日録』天正二十年六月十三日）ところを見れば、当時としてはそれほど突拍子もないことではなかったようです。

大政所の葬儀を終えた秀吉は、九月十日にはもう名護屋に戻ろうとします。それに対して天皇は、菊亭晴季・勧修寺晴豊らを秀吉に勅使として派遣し、名護屋下向を延期するよう要請した「勅書」を送ります。また正親町上皇も、「院御文」を送っています。これらの案文は、京都所司代・前田玄以に示され、その意見によって書き改められています。これに対して秀吉は次のように答えます（九月九日付け秀吉請文）。

> 叡慮ではありますが、自分がこちらに逗留していると、朝鮮に遣わした軍勢・名護屋に駐留する軍勢が、秀吉が退屈し、油断をしているように思います。それは、天皇のためにもならず、彼らが秀吉を見限ってしまえば、これまで命じてきたことが無になります。しかし、もし秀吉が勅諚に背いたように下々の者が考えるとどうかと思いますので、今月は延期し、来月下ることにします。

天皇の要請は容れられなかったのです。ここまで丁重な請文を書いた秀吉の内心を忖度すれば、後陽成天皇だけではなく、信長の時代から朝廷に君臨してきた正親町上皇への配慮が大きかったのではないかと思います。こうして天皇や上皇の願いもむなしく、秀吉は、十月には大坂を発ち、再び名護屋に向かいます。橋本氏らは、この時の「勅書」が冒頭に引用した宸翰だと考えていますが、秀吉は「渡海」ではなく、「来月下る」と言っています。これは名護屋下向の延期を要請したものであり、高麗国への下向を止めたものではないので、別の勅書が発給されていたと考えた方がよさそうです。

秀吉が名護屋城で渡海の準備をしているはずの文禄二年正月五日、正親町上皇が歿します。中野氏も藤井氏も無視していますが、跡部信氏は、秀吉の渡海予定が目前に迫った文禄二年の一月か二月頃に、史料①の宸翰が出されたのではないか、と推測しています（前掲論文）。私も同じ意見です。

正月七日、日野輝資が勅使として名護屋に派遣されることが決定し（『鹿苑日録』）、十八日に京都を出た（『時慶記』）のは、上皇の死を秀吉に伝える正式の使者だったと考えられますが、この時、天皇のこの宸翰が輝資に託されたのだと思います。

跡部氏は、天正二十年八月中旬に秀吉が伏見城普請に着手した頃から、すでに明征服の気持ちが揺らぎ、行幸計画も年末には完全に放棄されたと考証しています。後陽成天皇の宸翰が「北京行幸」計画と何の関係もなかったことが明らかです。しかし、天皇から見れば、秀吉が文禄二年春に渡海することは十分に現実的なものであり、是非とも思いとどまってほしいことだったと思います。もし秀吉が朝鮮に渡海すれば、二十歳そこそこで祖父上皇を失った後陽成天皇は、一人日本に残されてしまうという心細い思いになったはずです。そのため、あえて二度目の宸翰を送り、秀吉に渡海を思いとどまるよう頼んだのでしょう。なんと言っても秀吉は、天皇の最大の擁護者なのです。

その後の事実経過を述べれば、二月十五日、秀吉の渡海は四、五月の頃になるという観測がなされ、四月十四日には、秀吉自身が秀次に、四月・五月の渡海はないと言い送っています。一方、三月中旬から、小西行長によって現地で講和交渉が進められており、四月初旬には明から使節が派遣されることが決まります。これをうけて秀吉は、講和交渉を進めることにしますので、渡海は無期限延期ということになりました。

3　豊臣政権の支配イデオロギー

天皇の権威を重視する立場からは、後陽成天皇の宸翰が秀吉の渡海延期になんらかの影響を与えたという評価がなされています。橋本氏や中野氏がそうですが、北島万次氏も次のように述べています。

関白就任の後、日本の全国統一を勅命を名分として推しすすめ、対外侵略を決行したさいにも「大唐都へ叡慮」を移すことを標榜した秀吉にとって、勅命を背景とした名分こそが自己の行動を正当化しうる根拠だったのである。（中略）勅命を無視すれば、みずからがおこなった日本の全国統一および対外侵略の名分を損なう。宸翰をうけた秀吉はかかる矛盾に逢着していたのではなかろうか。

（『豊臣政権の対外認識と朝鮮侵略』校倉書房、一九九〇年）

これも、宸翰が秀吉の行動を制約したという視点から書かれています。こうした認識から北島氏は、秀吉が、背後に朝廷・公家勢力を持つ秀次の「関白権限を否定し、国家主権と封建的主従関係の一元的掌握を志向する」と議論を発展させます。どの論者も、秀吉の行動がこれほど天皇の意思に制約されていたと考えているのです。しかし、この時点の秀次に、秀吉の作りあげた主従関係に超越するような「関白権限」があったとは思えません。

さて、これらの議論に対し跡部信氏は、秀吉の渡海延期の経過をたどり、次のようにあっさりと述べています。

実態として、秀吉の渡海は朝鮮の戦況と現地諸将の意見をふまえて延期され、中止されるにいたったのであり、天皇の意向はなんの影響もあたえなかったことが、これらの経過からわかるだろう。名目上、天皇の要請が秀吉の渡海中止や開陣の理由に利用されたこともなかった。

（前掲論文）

筆者は、この跡部氏の指摘が一番事実に即していると考えています。そもそも、この宸翰が出る前も、諸大名への停戦命令のように、秀吉が天皇の意向を利用することはあっても、天皇の意向が何か秀吉に影響を与えたということはないはずです。それは、秀吉と天皇の関係を見れば自明のことだと思うのですが、なぜかそう主張する人はいません。そして跡部氏の議論では、秀吉が渡海を呼号しつづけたことに対して述べている次の論点が重要です。

秀吉が必要と感じていたのは渡海そのものではなく、それを呼号することだった。一つには前線の諸将の気を引きしめ鼓舞する効果を期待してのことであり、もう一つには苦難をいとわぬ意気ごみを語ることで諸将の辛労を思いやる態度を示し、かれらの心が秀吉から離れることをふせごうとしたのだろう。

（前掲論文）

実際には渡海をしないことぐらいで諸将の心が秀吉から離れることはありえなかったと思いますが、これは秀吉にとって、政権の支配イデオロギーの根幹に関わることでした。先の秀吉の請文も、戦いへの姿勢に油断があれば、諸大名が見限ることになる、と述べています。さらにさかのぼれば、秀吉が国内での覇権を確立した小牧・長久手の戦いの時の池田恒興・森長可といった旧織田信長家臣の行動が、そうした観念の存在を物語っています。旧信長家臣が、信長の子である信雄ではなく、元同僚の秀吉に与したのは、秀吉が好条件で彼等を誘ったからだけではなく、明智光秀を討った秀吉の軍事的威信が諸将の信頼を得ていたからです。これについて、次の岩澤愿彦氏の見解が参考になります。

羽柴秀吉に同盟して小牧・長久手の戦いに臨んだ旧織田武将等の基本的な立場は織田信長が貫徹した「武者道」「武辺道」「侍の冥加」という規範にあったと考えられる。

（「羽柴秀吉と小牧・長久手の戦い」〔『織豊期研究』四号〕）

軍事的威信は、「武威」と言い換えてもいいでしょう。武威は、それまでの実績によって獲得され、たゆまぬ努力によって維持しなければなりません。それに比べて朝廷権威は、軍事的成功によって簡単に手に入るものでした。小牧・長久手の戦いが秀吉の勝利に帰することがほぼ明らかになった時、朝廷はすすんで秀吉に従三位大納言の官位を与えます。これは朝廷が秀吉を武家政権の主と認めたことにほかなりません（山本博文『信長の血統』文春新書、二〇一二年）。確かに関白の官職は秀吉の無理押しで獲得しましたが、強要した相手は近衛家で、天皇は容易に関白職を秀吉に与えています。

その後も秀吉は、よく知られているように、諸将に対して武威を前面に出して激励しています。次の文章は、天正二十年六月三日、先手として派遣される軍勢に与えた朱印状（『毛利家文書』三―九〇四号）にあるものです。

【史料⑤釈文】

日本弓箭《ゆみや》きひしき国ニてさへ、五百千にて如此《かくのごとく》不残《のこらず》被仰付《おおせつけられ》候。皆共ハ多勢にて大明之長袖国へ先懸《さきがけ》仕《つかまつり》候間、無心元《こころもとなく》も不被思食《おぼしめされず》候。早速可申付《もうしつくべき》事、肝要候。

【史料⑤現代語訳】

秀吉様は、日本という戦いが厳しい国であっても、五百千の軍勢から始めてこのように統一を果たされました。皆々は、多勢で大明の長袖国へ先駆けするのだから、まったく心配はしておられません。すぐにでも征服することが大切です。

「大明之長袖国」に対比するのは、日本という「弓箭きひしき国」の統一を果たした秀吉の実績です。けっして日本の天皇の超越性などではありません。「万世一系の天皇」を強調した近代の日本とは違うのです。これは単なるレトリックではなく、秀吉の本心であり、「五百千にてかくの如く残らず仰せ付けた」ことが、武家政権たる豊臣政権の正当性を保証していたのです。

4　豊臣王権と天皇王権

これまで、秀吉の覇権が、武威を基盤に成り立っていたものだということを述べてきました。筆者は、政治・外交権を握り、独自の基盤を持つ豊臣政権を、「王権」としての実質を持つものだと考えています（山本博文「徳川王権の成立と東アジア世界」〈水林彪他編『王権のコスモロジー』弘文堂、一九九八年〉）。

つまり秀吉の権力は、「豊臣王朝」と呼ぶべき新しい王権だったということです。この場合、天皇という伝統的な「王」を頂点とする国家は、天皇とその廷臣である公家集団という組織だけを残して消滅したことになります。豊臣王権が作り上げた国家の中に、伝統的な旧王朝の組織だけが残ったということです。

あるいは、こうも言えるかもしれません。

日本という国家そのものは存続したが、その国家の伝統的王権である天皇王朝はその組織だけを残して温存され、新しい王権である豊臣王朝が国家支配をするようになった、と。

ただし、武家政権は、歴史的な経過としては、伝統的王権である天皇王朝から、関白・征夷大将軍などの至高の官職が与えられることによって成立しています。これらの官職を与えられたことが、筆者が考える、王朝成立のメルクマールです。これがいわば「即位儀礼」でした。しかしそのため、その国家支配のイオロギー的基盤が曖昧になります。つまり、そうした官職によって成立した政権の主は、形式的には天皇の家臣であり、依然として国家は天皇王権のもとにあったのだ、という批判が予想されるわけです。跡部氏が「秀吉の地位が天皇の下位にあったことは、秀吉の権勢が天皇を圧倒していたことと同様に単純明快な事実である」と述べているのは、その観点からの議論でしょう。

しかし、秀吉の権力は天皇から与えられたわけではなく、秀吉自身が「五百千」の軍勢を元手に勝ち取ったものだということも明らかなことです。筆者は、その実質を指摘しているのです。むしろ問題にすべきは、そのような権力を持つ秀吉が、天皇の意思などはまったく無視しながら、なぜ天皇を尊重する姿勢を見せたのか、ということでしょう。

この問題への一つの回答が、「天皇機関説」かもしれません。跡部氏は、「豊臣政権は叡慮から天皇の個人的意思を抜きとり、それを政策遂行のための機関として操作することに成功していたのではなかったか」と述べています。天皇が「政策遂行のための機関」となったのなら、まさに豊臣王権のもとに意思を持たない「天皇」という機関が付属したことになり、筆者の考えではその国家は豊臣王権の国家ということになります。

そのため跡部氏は、もう一つ、「国制」という概念を持ちだして説明していきます。

秀吉にとって重要なのは弱々しい天皇権威ではなく、天皇を国王たらしめつづけている強固な国制の権威だろう。それは国王のもとで実権を行使する執政の存在を排除せずに保証し、秀吉に支配の「形式的正当性」を提供した。秀吉が規範としたのは天皇のもとで武家が実権をふるうという前代の体制だが、権威として国制は執政の座に武家関白や武家太閤を迎える柔軟さをもつゆえに、耐性面では堅固だった。

（前掲論文）

跡部氏は、日本に生まれた新しい権力を「国制」概念の中に封じ込めることによって説明します。この場合の「国制」は、天皇を頂点とする古代以来の日本国ということでしょう。これはこれで魅力的な議論です。これに対して筆者は、新しく国家機構を形成した豊臣政権を「豊臣王権」と認め、伝統的な「天皇王権」との関係を問うことによって日本の国制の諸段階の特質を考えていこうという立場をとります。

跡部氏の「国制」概念は、言うなれば超歴史的なもので、「秀吉が皇位につき将軍家康がそれを補佐する形態」までも「なんとか国制の枠内におさま」ることになります。しかしそれでは、国制概念が融通無碍過ぎます。筆者は、日本の国制は時代によって変化するものと考え、実態としてとらえることのできる「王朝」概念を導入して、この時期の国制のあり方を考えていきたいと思っています。この立場から言えば、天皇家から豊臣家へと王朝が交代した、すなわち豊臣王権が成立したということになります。

跡部氏は、藤井譲治氏の『天皇と天下人』への書評（『史林』九五巻二号、二〇一二年）で、「著者が天下人「上位」の根拠にあげる事例のほとんどは、天下人の力の強大さを証明するに過ぎないのではなかろうか。全盛期の摂関政治をみれば明らかなように、絶大な権力をもってしても身分の次元で天皇を超越できるわけではない。国制上の最高位たる天皇の身分は、それ自身の人格がそなえる権力の強大さに裏付けられてはいなかったのだ」と書いています。

跡部氏の「国制」理解がよくわかる文章です。これに対して藤井氏は、「私の分析のスタンスは、具体的権力を掌握したものが、社会の諸勢力との対抗・調整の中でさまざまに身分制を形作っていくというものであり、氏のいうような「国制上の最高位たる天皇の身分」を前提とする立場はとらない」（「信長の参内と政権構想」〔『史林』九五巻四号、二〇一二年〕）と反論しています。跡部氏のように「国制上の最高位たる天皇の身分」を前提としてしまえば、天皇とその時々の権力者との関係の分析ができない、というのが藤井氏の言い分です。

こうした反論をするのも、跡部氏が言う「国制」がいわば超歴史的なものに感じられるからでしょう。筆者の立場から言えば、天皇の外戚であることを権力基盤とする全盛期の摂関政治が天皇を王とする「国制」の中に位置づけられることは自明ですが、豊臣政権期、つまり秀吉が関白、太閤という地位に立って政治を運営する武家王権の時代の国制は、それまでの国制とは違うものになっている、ということになります。

さて、先の問いへの結論を述べましょう。秀吉が天皇を上位に置いたのは、それが豊臣王権にとって意味があったからに違いありません。それはこれによって秀吉は、旧王朝を滅ぼす、いわば「王殺し」をすることなしに、自己の王朝を築くことができたということでしょう。跡部氏の「武家の天皇」「豊臣の天皇」という言い方は、筆者の考えの別の表現のように思います。

おわりに

本章で見てきたように、秀吉は、天皇の意思を尊重する姿勢を見せたことはありますが、それに拘束されてはいませんでした。また、「勅諚」や「叡慮」をもってまだ服属していない戦国大名に停戦を呼びかけたことはありましたが、それは便宜的なものでした。そして、それに従わなければ、軍事力を用いて服属させたり、滅亡させたりしています。その意味で秀吉政権の基盤は、軍事的実力とその実績を有する秀吉個人のカリスマ性だったと言うことができます。

天下統一過程におけるこうした史実は、誰の目にも明らかなように思えるのですが、後陽成天皇の宸翰に関しては、天皇の意思や権威を過大に評価する論調が主流です。秀吉の行動を制御しようとした宸翰の存在が、特異なものだからでしょう。しかし、この宸翰は、父正親町天皇を失った二十歳そこそこの後陽成天皇が、秀吉が朝鮮に渡海することによって生じる可能性がある日本における権力の不在を不安に思ってのものでした。人間としての天皇は、秀吉を信頼したというより、心理的に秀吉に依存していたのです。

「4　豊臣王権と天皇王権」ではいささか抽象的な議論を展開しましたが、そうした理論的見通しとともに、歴史家は当時の人間関係を血の通ったものとして把握する努力をする必要があります。天皇と武家に緊張関係があることを前提に政治史を叙述する姿勢は、日本史学界の伝統的なあり方ですが、それは往々にして人間としての後陽成天皇の心情や当時置かれた立場を考慮しない議論になりがちです。こうした発想は、そろそろ改めるべきでしょう。

第六章　文禄役講和の裏側

佐島顕子

はじめに

秀吉の「唐入り」として始まった文禄の役は、天正二十年（一五九二）に朝鮮に上陸して戦い、来援した明《ミン》軍とも衝突しましたが、兵粮・兵員不足の現実をふまえて講和することになります。秀吉は文禄二年（一五九三）五月に名護屋《なごや》城で明使に会い、七項目にわたる講和条件を示しました。そして文禄五年九月、明皇帝が派遣した使節と大坂城で会見したものの、講和を決裂させて翌年の再征・慶長の役を起こしたことは有名です。

講和条件提示から大坂城講和までの三年余は休戦期間ですが、西国大名は朝鮮南部海岸線に在陣を命じられます。彼らは朝鮮陣所（倭城）と領国、上方の屋敷も加えれば三ヶ所をうまく運営しなければならず、その負担はかなりのものでした。領国経営をやりくりしながら朝鮮に米や人を送り続ける大名たちは、講和成立と帰国の日を待つばかりでした。

そんな中、講和条件提示から一年三ヶ月たった頃、秀吉は「大明無事の儀、惣別正儀に思し召されず」として、対明講和の実現に疑念を抱いていることを諸大名に発表します。立花宗茂《たちばなむねしげ》に宛てたその朱印状（立花家史料館所蔵、福岡県立柳川古文書館寄託）を糸口に、講和交渉期の状況を見ていきたいと思います。

1　九月二十三日付け秀吉朱印状

【釈文】

猶以、態《わざと》御使者可被遣《つかわさるべき》処、岡田（勝五郎）相越候条、具《つぶさ》ニ被仰含《おおせふくめられ》候間、能々可承届《よくよくうけたまわりとどくべく》候也

其方手前居城普請等之儀、度々如被仰遣候《たびたびおおせつかわされそうろうごとく》、弥《いよいよ》入念丈夫ニ可申付《もうしつくべく》候、大明無事之儀、惣別正儀ニ不被思召《おぼしめされざる》ニ付而《ついて》、城々被仰付《おおせつけられ》各《おのおの》在番候、九州同前（同然）ニ令覚悟《かくごせしめ》、有付可有之《これあるべく》候、東国・北国之者共令在洛《ざいらくせしめ》、普請等仕儀 校《たくらべ》候へば、其地は心安儀候、重而諸勢渡海之儀被仰付《おおせつけられ》、赤国《あかぐに》を始可被加御成敗《ごせいばいくわえらるべく》候、於其上《そのうえにおいて》大明御詫言《わびごと》申上候ハヽ、随其《それにしたがい》可被仰出《おおせいださるべく》候

条、弥不可有由断候《いよいよゆだんあるべからず》、猶増田右衛門尉（長盛）・石田治部少輔（三成）可申候也

九月廿三日　〇（秀吉朱印）

羽柴柳川侍従（立花宗茂）とのへ

【現代語訳（本文のみ）】

そちらの居城の普請などを、秀吉様がたびたび仰せられたように、いっそう念を入れてしっかり行わせてください。大明との講和の件は、総じて実体があるとはお考えになっていないので、城々をそれぞれに担当・在陣させています。九州にいるのと同様の覚悟で駐留してください。東国・北国の大名たちを京都に滞在させて伏見城の普請などをさせていることに比べれば、そちらの地は心安いことです。重ねて諸勢を渡海させよと秀吉様は仰せになり、赤国すなわち全羅道《チョルラド》をはじめとして秀吉様に服さない者どもを成敗し、その上で大明が嘆願をすれば、それに従って講和の件を御指示なさいますので、いっそう油断なく努めてください。なお、増田長盛と石田三成が詳細を伝えます。

追伸。こちらから御使者を派遣なさろうとしていたところに岡田勝五郎が戻りましたので、彼に詳しく仰せ含められました。彼からよくよく聞いてください。

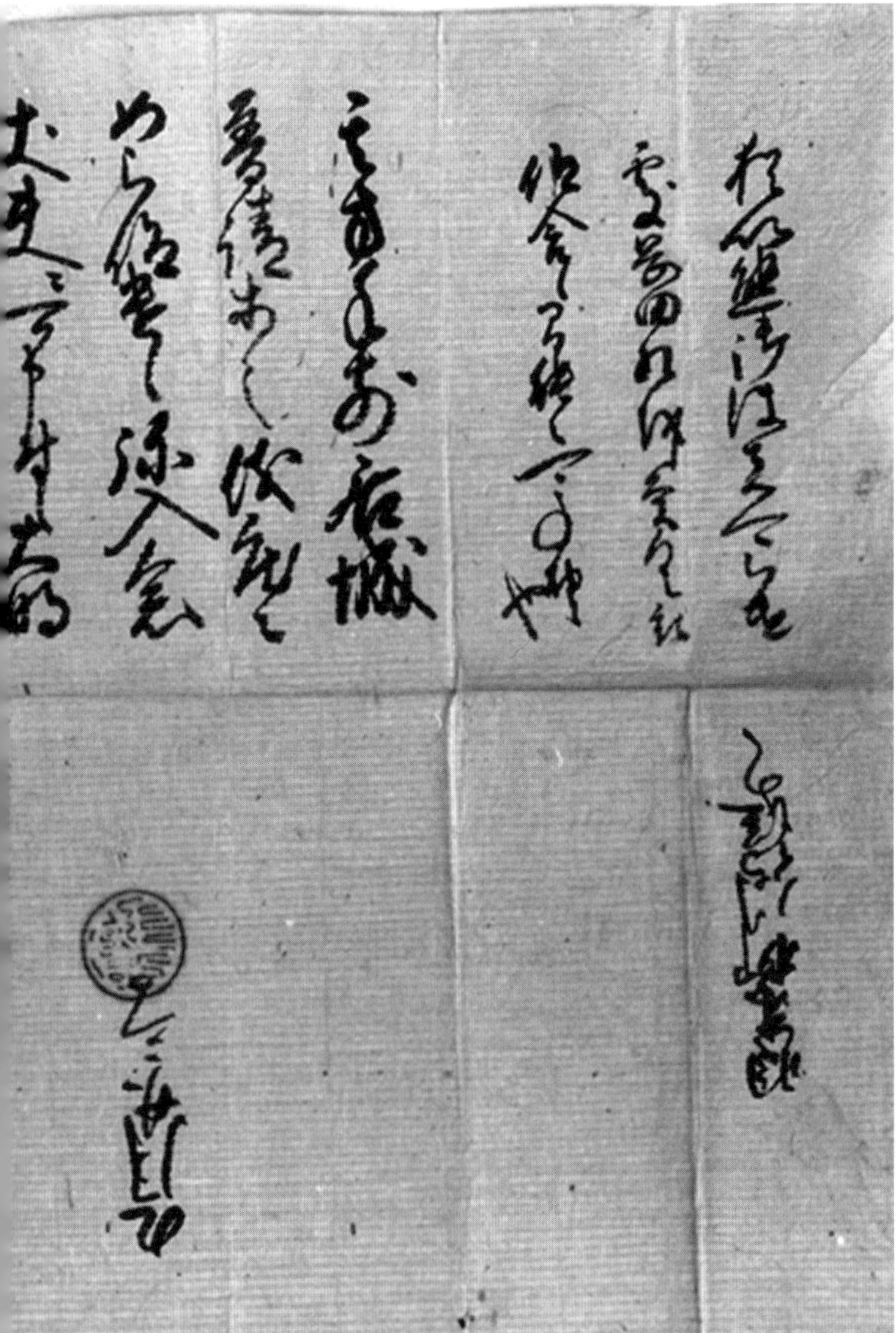

九月二十三日付け立花宗茂宛豊臣秀吉朱印状

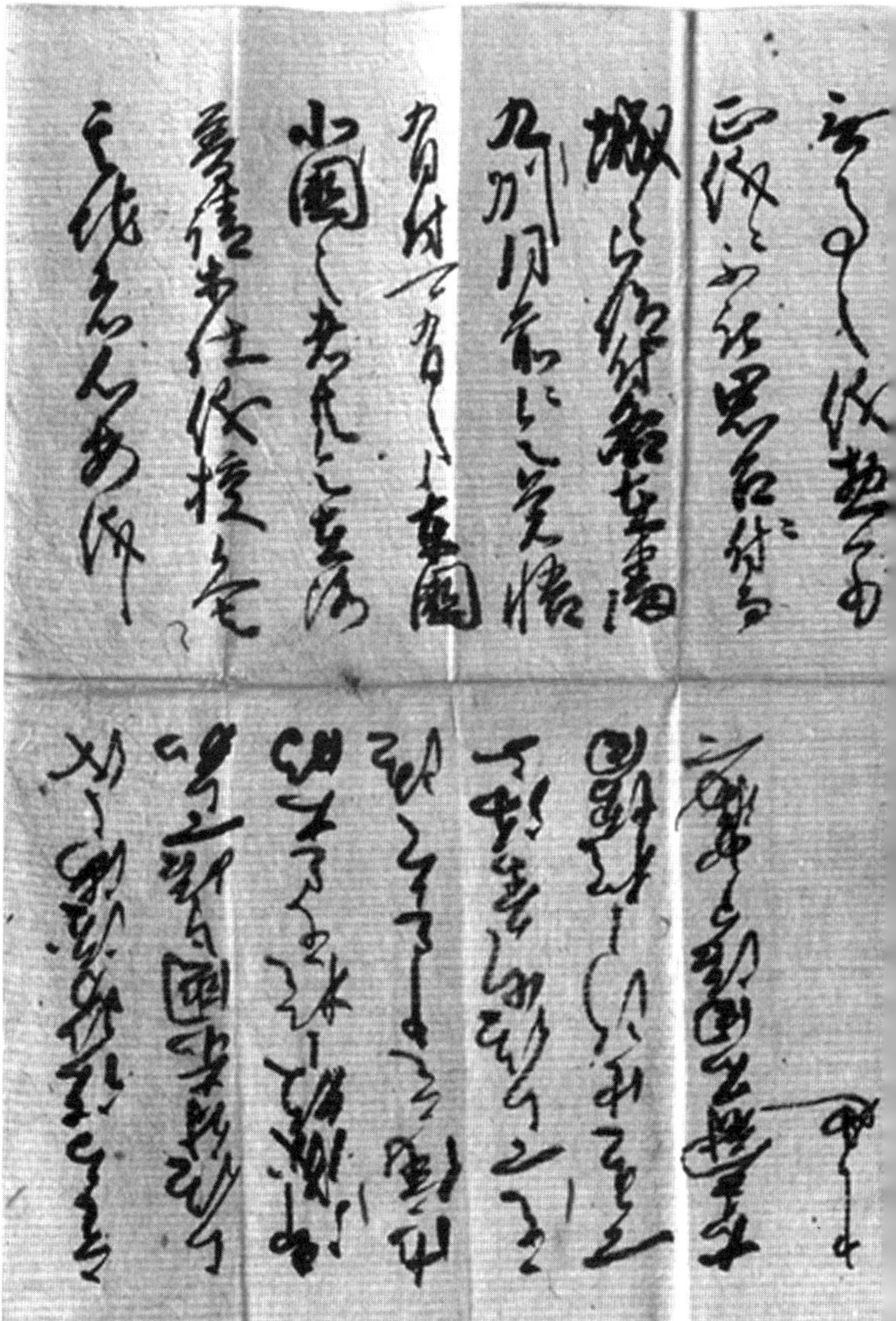

（立花家史料館所蔵・福岡県立柳川古文書館寄託）

この朱印状は、明との講和に疑念を抱いた秀吉が、軍勢を朝鮮の全羅道《チョルラド》に渡海させて戦闘を再開し、その結果をふまえて明との講和をやりなおすという内容です。これは立花宗茂宛てですが、ほぼ同文の朱印状が筑紫広門・毛利秀元・吉川広家・加藤清正・鍋島直茂・宗義智《そうよしとし》・島津義弘・島津豊久ほかの西国大名に出されているので、秀吉が在陣大名たちに今後の方針を発表したものです。

まずこの文書の年次ですが、対明講和に言及しているので、秀吉が明使に会った文禄二年（一五九三）五月以降の朱印状だと考えられます。

次に、増田長盛と石田三成の連署添状に当たるものを探すと、朱印状と内容が似ていて同じ九月二十三日付けの文書が各大名家に残されています。本文は次の通りです。

【釈文】

岡田勝五郎方被相越《あいこされ》候ニ付而、被成御朱印《ごしゅいんなされ》、猶以口上ニ被仰含被遣《おおせふくめられつかわされ》候、大明無事之儀、
惣別従此方被思召寄儀にて無之候、然ば城々丈夫ニ被仰付《おおせつけられ》、各《おのおの》在城候間、九州同前《（同然）》ニ
被存《ぞんぜられ》、弥《いよいよ》諸城普請以下被申付《もうしつけられ》、諸事丈夫ニ可有覚悟《かくごあるべき》由御意ニ候、重而関白様被出御馬《おうまいだされ》、
始赤国被加御成敗《あかぐにをはじめごせいばいくわえられ》、於其上御詫言《そのうえにおいておわびごと》申上候ハ、被聞召届可被仰付《きこしめしとどけられおおせつけらるべき》旨候、委曲岡勝五
可被申入《もうしいれらるべく》候、恐々謹言。

（『福岡県史近世史料編柳川藩初期上』「立花家文書」四六五号ほか。傍線部筆者）

内容は秀吉朱印状とほぼ重なりますが、諸勢渡海の部分を添状では関白秀次の出馬だと補っています。それで年次は秀次の自害以前、つまり文禄二年か三年になります。

文禄二年の九月二十三日は、石田三成が朝鮮から名護屋に帰還したところでした（鹿児島県史料『薩藩旧記雑録後編二』一二〇六号）。秀吉のそばにいないのに、朱印状と同日付けで秀吉の意を補足することはできません。したがってこの添状と朱印状は文禄三年のものだと考えられます。

文禄三年晩秋九月とは、秀吉が講和七条件を明使に示してから二度目の年末を控えた時です。七条件のうち、秀吉が実行する〈加藤清正が捕らえた二人の王子を返還する・朝鮮北部四道を朝鮮国王に還付する〉条件はすでに実行済みです。しかし、〈皇女を日本に送る・日明貿易を再開する・誓詞を交換する〉という条件を与えた明使は北京に戻ったまま二度と現れません。明軍も主力は朝鮮から撤退し、残留指揮官・劉綎《りゅうてい》も釜山周辺の大名陣から遠く離れた全羅道《チョルラド》の南原《ナムウォン》にいます。朝鮮が実行する〈誓紙提出・王子や大臣を日本に送る〉条件もどうなったのか、それっきりです。そんな状態でまた冬が来れば、春まで時間を空費することになります。

文禄三年とは、秀吉の立場からすると、戦おうにも交渉し直そうにも、目の前に誰もいない時期でした。

秀吉は、諸大名の駐留する朝鮮の地を「九州同前」に考えよと書いています。かつて天正十六年、統一直後の九州で反乱が起きた時も秀吉は九州大名に宛てて「九州の儀は畿内同前」と檄を飛ばしました。ことさらに朝鮮の地を九州同前だと言うのは、朝鮮の状況がおもわしくないと、秀吉が感じていることを示します。

したがって、しびれをきらした秀吉が「大明無事の儀、惣別正儀に思し召されず（大明との講和は総じて実体があるとは思われない）」と、戦闘再開方針を発表したわけですが、冬が始まる今すぐのことではありません。実はすでに九月十日に鍋島直茂に宛てて、「来年御人数被差渡《さしわたされ》、可有御成敗候間《ごせいばいあるべく》（来年秀吉様の軍勢を派遣して御成敗があるので）」（佐賀県史料集成三「鍋島家文書」一〇〇号）と、翌年の派兵方針を伝えていました。

増田・石田の添状を見ると、秀吉の抱いた疑念がもう少し深く表現されています。傍線部は「大明との講和は総じてこちらから仰せになったことではありません」という意味になります。つまり、ただ待ちくたびれたのではなく、そもそも秀吉に積極的に講和する意志はなかった、ということになります。それは文禄二年春、小西行長が兵粮の限界から明に講和を申し込んでおきながら、秀吉には明から求められた講和だと説明していた背景があります。秀吉としては、向こうから申し込んでおきながら講和を進めない明に不信をつのらせ、再派兵を決めたことになります。秀吉が全羅道《チョルラド》に大規模な派兵をかければ、戦うことで再び明軍に接触できます。その戦いの結果をふまえ、条件の見直しも含めて講和を仕切り直したい、ということが秀吉の真意だと考えられます。

秀吉は文禄五年大坂城講和決裂まで、七条件が満たされるのをただ待っていたわけではなく、文禄四年五月二十二日に条件を改定して示しました。しかし、改定に至る過程で秀吉が行長の交渉内容を知っていたかどうかについては、あまり検討されて来ませんでした。行長は日本国王冊封で講和をまとめようとしていますが、もし秀吉が知っていたらそんな屈辱外交を許すはずがないという思い込みがあったように感じます。秀吉の情報源は在陣大名からの報告ですが、在陣大名の誰かが講和の実態を秀吉に知らせた可能性はあるでしょうか。

2　小西行長の講和交渉

文禄役講和交渉の全体的な流れは中村栄孝氏の『日鮮関係史の研究・中』（吉川弘文館、一九六九年）、北島万次氏の『豊臣秀吉の朝鮮侵略』（吉川弘文館、一九九五年）、中野等氏の『文禄・慶長の役』（吉川弘文館、二〇〇八年）で追えるので、ここでは講和担当者の小西行長の交渉過程に絞ります。

文禄二年六月に秀吉が示した七条件を受けて、行長は明の兵部尚書（軍務長官）石星《せきせい》の使者・沈惟敬《しんいけい》と熊川《ウンチョン》で談合を繰り返しました。皇女嫁娶は実現不可能だと見た二人は、この条件を明宮廷には伝えないこととし、秀吉に対しては「皇女が日本に来る途中で病死したので、代わりに軍馬三百を献上する」という解決を図りました（「宣祖実録」［以下「実録」］二十九年四月丙午十日、諸葛元声《しょかつげんせい》「両朝平攘録・日本」）。秀吉が皇女の不慮の死を信じたとは思えませんが、文禄四年五月の改定講和条件では皇女の件に言及していないので、この条目については強いて求めなかったようです。

行長がこれだけは譲れないと明に要求した条件は、日明貿易再開でした。秀吉は、文禄役初期の「明を征服して寧波に拠点を移す」という壮大な構想はあきらめたものの、かわりに「明の巨大な商業圏に参入して経済的利益を得る」ことを講和七条件の一つに入れたものです。

ただし、明が周辺国と行なう貿易は、朝貢を意味します。中国皇帝から国王に任じられた（冊封《さくほう》された）周辺国の為政者たちは、朝貢をするたびに莫大な回賜を与えられました。これが事実上の公貿易になるわけです。朝貢というと卑屈なイメージを持ちがちですが、中国周辺国は当時、朝貢を権利だと考えていました（金翰奎《キムハンギュ》氏「壬辰倭乱の国際的環境——中国的世界秩序の崩壊」〔鄭杜熙《チョンドヒ》・李璟珣《イギョンスン》編、金文子《キムムンジャ》監訳『壬辰戦争——十六世紀日・朝・中の国際戦争』明石書店、二〇〇八年〕）。明にとっては財政を圧迫する赤字貿易であるものの、国境の平穏を銀で買う安全保障政策にもなります。

秀吉が対明貿易を望むとすれば、その前提として日本国王冊封が必要です。文禄三年正月、行長は冊封を請う秀吉文書（いわゆる「関白降表」。秀吉は当時太閤ですが、明・朝鮮での呼称は関白のままでした）を偽作して沈惟敬に渡します。行長はその後、貿易許可（と日本国王冊封）の回答が北京宮廷からもたらされるのを期待してひたすら待つことになります。

関白降表を受け取った明の朝鮮問題担当総督顧養謙《こようけん》は、「日本軍が全面撤退したら、明の冊封使と沈惟敬が日本に行って秀吉を国王に封じ、貢を許可する。貢は昔のように寧波府で受け入れる」（「実録」二十七年四月丁丑二十九日）という考えを持っていました。

顧養謙や石星は「軍はこれ以上の外征負担に耐えられないので、封貢を与えることで日本を朝鮮から撤退させ、紛争を解決したい」と明の宮廷に強く訴えます。中国が周辺国と和議を結ぶのは、本来、軍備が整うまでの時間稼ぎでした（小野和子氏『明季党社考』同朋舎出版、一九九六年）。明軍人の一人陳雲鴻《ちんうんこう》も「明は嘉靖年間にも倭寇に大きな被害を受けたが、攻撃できる体勢が整うまでは忍んでやり過ごしたのだから」と語っています（「実録」二十八年二月辛未二十八日）。日本が完全撤退する可能性がないのに石星らが封貢策を推し進める理由を、「明には他にも問題が多く、糧食を長距離運んで来て戦うのが無理だからだ」と朝鮮側は見ています（「実録」二十七年五月癸卯二十六日）。

しかし明宮廷の臣僚たちには、四年前の洮河《とうが》の変（一五九〇）という苦い記憶がありました。封貢関係にあるはずの蒙古が、辺境の明の軍官と賄賂でなれ合って明国境を侵した事件です。明の国力の衰退につれ、もはや封貢で安全を保障できない現実を悟った臣僚たちは、軍部の封貢策は安易だと反対します（小野和子氏、前掲書）。政治に消極的な万暦帝が決裁しないため、激烈な宮廷論争はえんえんと続きます。その過程で、秀吉が実は皇女を要求していることが発覚し、日本情勢を探った報告も届き、皇帝の信任を背にもちこたえていた石星《せきせい》はいったん封貢を断念します。顧養謙《こようけん》も、筋を通して防戦に当たるべきだと主張する封貢反対派の孫鉱《そんこう》に総督職を譲って兵部侍郎（軍務次官）に戻りました（三木聰「万暦封倭考（その一）――万暦二十二年五月の「封貢」中止をめぐって」〔『北海道大学文学研究科紀要』一〇九、二〇〇三年〕）。

そんな北京の状況を知らない行長は不安にかられ、南原《ナムウォン》と密陽《ミリャン》に駐留する明軍に何度も手紙を送ります。「関白降表を持たせた使者の内藤如安《じょあん》が戻らないのは殺されたからか？」と尋ねる行長を、明の駐留指揮官劉綎《りゅうてい》は「中国朝廷が使者を殺して信義を失うはずがない。しかも明の軍人・譚宗仁《たんそうじん》が内藤如安の身代わりの人質として行長陣にいるではないか」となだめますが、行長は納得しなかったといいます（「実録」二十七年八月辛酉十六日）。

その人質譚宗仁も、新総督孫鉱や兵部に状況を三回問い合わせますが返事を得られず、彼もまた困惑します。譚宗仁は行長と熊川《ウンチョン》城の望楼に登って海を見下ろした時、行きかう船に冠帽をかぶった人物が見えるたびに『あれは明の使者ではないか』と行長が騒いだ、というエピソードを後日語っています（「実録」二十八年二月癸丑十日）。

「秀吉はしばしば行長を詰問し、『自分が渡海しようとするたびに行長が甘言を弄して制止した。もし講和が成らなかったらそちは帰る所があると思うな』と言っていた」（「実録」二十八年二月癸酉三十日）という記事もあり、行長自身、講和の成立に運命をかけている立場でした。講和が進まない状況で、行長の弟まで「自分が降倭になったら受け入れてもらえるだろうか」と朝鮮の通事につぶやく始末です（「実録」二十八年二月癸丑十日）。「大明無事の儀、正儀に思われない」のは行長の方でした。

それで行長は文禄三年四月、朝鮮に通信使を要求します（「実録」二十七年四月癸酉二十五日）。七条件のうちで満たせる可能性のあるものは交渉しておこうという姿勢です。しかし朝鮮宮廷に拒否され、時間ばかりがたっていきます。

一方、封貢策をあきらめきれない明兵部は、朝鮮国王を説得して、「秀吉を冊封してやって欲しい」と皇帝に頼んでもらいます（結局これが功を奏して十月下旬から十一月に冊封が内定し、行長には十二月半ばに連絡が届きます）。その過程で顧養謙は、冊封の前提として明が求めている日本軍の朝鮮撤退を促す使者王官《おうかん》と贈り物の蟒段《もうだん》（竜が縫い取りされた布で、明の宮廷儀式で臣下が着用する衣の服地）を行長陣に送ります。王官は七月十四日（明・朝鮮暦同日）に漢城を通過して熊川《ウンチョン》の行長陣に向かい、八月二十四日（明・朝鮮暦二十五日）に漢城に戻りました（「実録」二十七年七月庚寅十四日・八月庚午二十五日）。漢城から熊川の旅程はおよそ十日です。

たしかに七月二十四日付け小西行長書状に「今日、大明よりの飛脚罷越候」（『島津家文書』四、一八二三号）という文言があるので、この飛脚が顧養謙《こようけん》の使者を指すようです。王官は秀吉に直接会うように指示されて来ましたが、一ヶ月で漢城に戻っているので、行長は王官を日本に行かせなかったことになります。王官は、行長が贈り物を大変喜び、封貢を急いで欲しいと言ったと報告しています（「実録」二十七年八月庚午二十五日）。明からの贈り物は、久しぶりに秀吉に報告できる材料です。朝鮮南岸から秀吉への註進状は普通、一ヶ月弱から一ヶ月半で届きます。おそらく九月中旬までには秀吉に届いたことでしょう。

行長が中国製の豪華な布を献じて報告したのに秀吉が九月二十三日付け朱印状で戦闘再開を号令したのは、行長以外の大名が何らかの報告をしていることを推測させます。

3　加藤清正の情報収集

考えられるのは、まず加藤清正です。清正は沈惟敬《しんいけい》が行長陣を訪問するのを怪しみ、文禄三年二月から朝鮮・明に接触し始めます。行長は、清正の口から皇女嫁娶や四道割譲が朝鮮に伝わること、封貢を条件に日明講和を進めていることが朝鮮を通して清正に漏れることを警戒し、明軍の指揮官劉綎《りゅうてい》に清正と接触しないように求めました（「実録」二十七年四月庚戌二十一日）。

しかし劉綎は日本事情を探るため、朝鮮の僧将惟政《ユジョン》（松雲大師）を清正陣に送ります。清正は惟政から、行長と沈惟敬の秘密交渉について聞き、「秀吉は王ではない。われらの王は別にいる（秀吉非王也。吾王有之）」と首をかしげます（「実録」二十七年五月癸未六日）。次の会見で清正は「われらの国王はまだ健在で、慈仁愛の人である。秀吉はいやしい出自で、ただ西国にほしいままに号令できるだけだ（吾国王尚在、慈仁愛人。関伯隷人也。只得擅号令於西辺諸島）」と惟政に語ります（「実録」二十七年六月丙寅十九日）。清正は、「国王」が中国皇帝の下の立場とまでは知らず、単純に日本の王は秀吉ではなく天皇だが、という不審を抱いているようです。秀吉や清正のような当時の日本人が冊封・朝貢についてよく知らないことが窺えます。清正が秀吉を評して、西日本を基盤とする実力者に過ぎず、王のような権威はない、という意外にクールな発言をすることに驚かされますが、秀吉政権が人々にどう思われていたかが伝わってきます。すなわち、ほしいままに号令する秀吉の政権とは、秀吉という個人の力が尽きた時に政権も終わる、永続性のない一代限りの政権だと見られていたわけです。

八月九日（明・朝鮮暦十日）に惟政と会った清正は、行長の対明交渉で秀吉の七条件が扱われていない事実を知ります。「では明は何をもって日本と講和するのか」と尋ねた清正は、「日本国王に封じることで」という答えを聞きます（「実録」二十七年九月庚寅十五日）。文禄三年初頭から半年にわたって行長の講和交渉を探ってきた清正は、秀吉の出した七条件が「明皇帝による秀吉冊封」にすりかえられたことを八月時点ではっきり知ったのです。証拠が揃わないとして清正が行長を訴えるのをためらった可能性はありますが、行長の講和交渉には問題があると秀吉側近にほのめかす程度はあり得たと思います。

4　鍋島直茂の講和交渉参加

さて、内藤如安《じょあん》と関白降表を送ったものの、その後なしのつぶての状態を焦慮する行長は、秀吉が朝鮮に求めた条件だけでも満たそうとして、文禄三年四月から宜寧《ウィリョン》の朝鮮官僚や軍人と積極的に連絡していました。ところが九月二十九日から十月六日（明・朝鮮暦同日）、秋の収穫が豊かなうちに日本を一度叩きたいとして、政府高官の尹斗寿《ユンドゥス》が李舜臣《イスンシン》・郭再祐《クァクチェウ》らに巨済島《コジェド》の福島陣・島津陣を攻撃させる事件が起きました。

この作戦に先立って金海《キメ》府使（金海の行政長官）白士霖《ペクサリム》は、日本陣の勢力範囲外の昌原《チャンウォン》・固城《コソン》に出て略奪する日本の軍士を討つことについて行長の同意を求めます。金海府使から行長宛ての書状を託され、行長の承諾を届けた人物は、鍋島直茂の部将「豊茂守」でした（「実録」

二十七年十月己未十五日）。

「豊茂守」は「豊臣茂守」を表しますが、佐賀県立図書館の石橋道秀氏・本多美穂氏の御教示によって鍋島家臣の「茂守」を探すと、「歴代鎮西志」天正十二年九月九日条に榎津の砦を守った中野甚右衛門茂守という人物が見えます。それで茂守は、「葉隠」著者山本常朝の祖父・中野神右衛門清明の別名だった可能性があります。「葉隠」によると中野神右衛門は、主君の前では「神」という字をはばかって甚右衛門と称していました。茂守はこの文禄三年と慶長役期の「宣祖実録」にしばしば登場します。

行長は、糧食乏しい軍営を抜け出した軍士の群れを取り締まることには同意しました。しかしそれが巨済島《コジェド》の四国・薩摩陣への攻撃だったことを行長が咎めると、朝鮮側は、略奪者が巨済島から現れるからだと弁明します。十月十三日付けで慶尚道巡辺使《キョンサンド》（王命で軍務を帯びて辺境を巡察した特使）李蘋《イビン》は軍事作戦を振り返りながら行長にこう説明します。「昌原《チャンウォン》・固城《コソン》などで倭兵の略奪が横行し、金海倭将の使者が途中で殺されることもあったので、やむをえず水上の諸将に駆逐させただけだと直茂に伝えています。（中略）十月一日に金海倭将が、『略奪は我々がさせたことではないので、行長に知らせてその者どもの首を昌原などの境界にさらしました。ですから（巨済島を攻撃する）兵船を撤収してください』という書状を金海府使・白士霖に送りました」（「実録」二十七年十一月壬午八日）。

金海《キメ》には鍋島直茂の竹島倭城があります。右の書状では、金海倭将・直茂が朝鮮側に送った使者が途中で何者かに殺される事件があったこと、巨済島《コジェド》攻撃の事情について直茂が朝鮮側から説明を受けていること、直茂が「略奪者を処罰したので攻撃をやめてくれ」と朝鮮側に要請したことが知られます。直茂が行長の代理をしている以上に、朝鮮側が直茂に連絡を取っていることが注目されます。

ほかにも鍋島直茂の配下「源十良（郎）」が行長の書状を宜寧《ウィリョン》に届け、その返書を竹島経由で行長に届けたという記事もあります（「実録」二十七年十一月壬辰十八日）。またこの時期、鍋島氏の従軍僧是琢《ぜたく》が行長名義で起草した書状案や朝鮮側の諸氏から受け取った書状なども多数泰長院文書として残されています。

従来、行長の講和交渉は、娘婿で対馬島主の宗義智とだけで秘密裏に行なった（のちに寺沢正成も参加）と見られていますが、鍋島直茂も行長のパートナーとして交渉に参加していることがわかります。

直茂は、そう親しいとも思えない行長の交渉になぜ加わったのでしょうか。それは、竹島倭城の立地によると思われます（地図1）。

竹島倭城は、釜山の西を流れる大河洛東江《ナクトンガン》の、河口よりややさかのぼった川岸にあります。現在は釜山広域市西区竹林洞《チュンニムドン》に属していますが、金海府（金海市）の南東四キロにあるので、竹島倭城は金海を勢力圏にしていました。

竹島倭城へは、釜山金海空港《プサンキメ》からタクシーをチャーターして往復できます。韓国でこの倭城について知る人は少ないので、駕洛洞住民センター《カラットンジュミンセンター》（町役場）を目印として告げると二、三十分で着きます。住民センターの斜向いの坂道を上がると石垣が現れます。鴨料理の老舗「ナクトンガンオリアル」（江東洞《カントンドン》）から川をはさんで見える小高い丘が竹島倭城です。

竹島倭城の周囲は農地として整備されていますが、本来は湿地でした。地元の人の話では、今は洛東江河口堰で潮が上がるのを防いでいますが、かつては竹島倭城から四十キロほど遡上した三浪津《サムナンジン》まで潮が上がり、豪雨と満潮が重なると金海府の北側の平野は洪水になったそうです。それで洛東江河口地域の交通は、陸路より河川の方が利用しやすかったと思われます。

高田徹氏の調査によれば、三浪津付近に馬沙《マサ》倭城という端城がありました（「金海竹島倭城の遺構と遺物」〔『倭城の研究』第三号、城郭談話会、一九九九年〕）。馬沙倭城から密陽江《ミリヤンガン》を十キロさかのぼれば明軍が駐留していた密陽《ミリヤン》へ、馬沙倭城から洛東江を七十キロさかのぼれば朝鮮軍の前線基地・宜寧となります。馬沙端城は、距離的には竹島本城と離れていますが、洛東江という水路で繋がり合う城でした。

地図2は、加藤清正の家臣・加藤正方の家に伝わった朝鮮八道図（南東部分）です。見やすくするために、主な地名を活字で重ね、竹島倭城・馬沙倭城・洛東江の文字は筆者が書き加えました。八代市立博物館の鳥津亮二氏の御教示によれば、「咸鏡道」ではなく「永安道」という十五世紀末の地名が使われていることから、文禄役以前の日本側の地理認識を見ることができる地図です。朝鮮人なら間違わない種類の地名の誤記があるので、日本人が写した地図の可能性もあります。

現代人は陸路で地図を見がちですが、当時の朝鮮の地図は、各地域がどの河川でつながっているかを念頭に置いて描いています。各地域の位置関係は現実（地図1）とずれがありますが、洛東江《ナクトンガン》で繋がり合う地域の関係は直感的に理解できます。

諸大名は駐留拠点の多くを海岸線に築いたのに、なぜ内陸河岸に竹島倭城を置く必要があったのでしょうか。それは密陽《ミリャン》や宜寧《ウィリョン》の明・朝鮮軍拠点から海上に出入りする船を監視するためだったと考えられます。竹島本城と上流の馬沙《マサ》端城は、明・朝鮮軍と対峙する最前線基地だったのです。

逆に言えば、朝鮮側が日本側に書状を送る時は、馬沙端城まで持って行けば済みました。そして竹島は、洛東江を遡上して明・朝鮮側と連絡する小西行長の使船を監視できる場所でもあります。自城の前を行き来する船を改めるのは鍋島直茂の役目です。文禄四年正月のことですが、明の軍人陳雲鴻《ちんうんこう》が交渉のため密陽から行長の熊川《ウンチョン》に向かう時も、竹島に停泊して直茂の接待を受け、行長陣からの迎えが竹島まで来た記事があります（「実録」二十八年二月癸丑十日）。

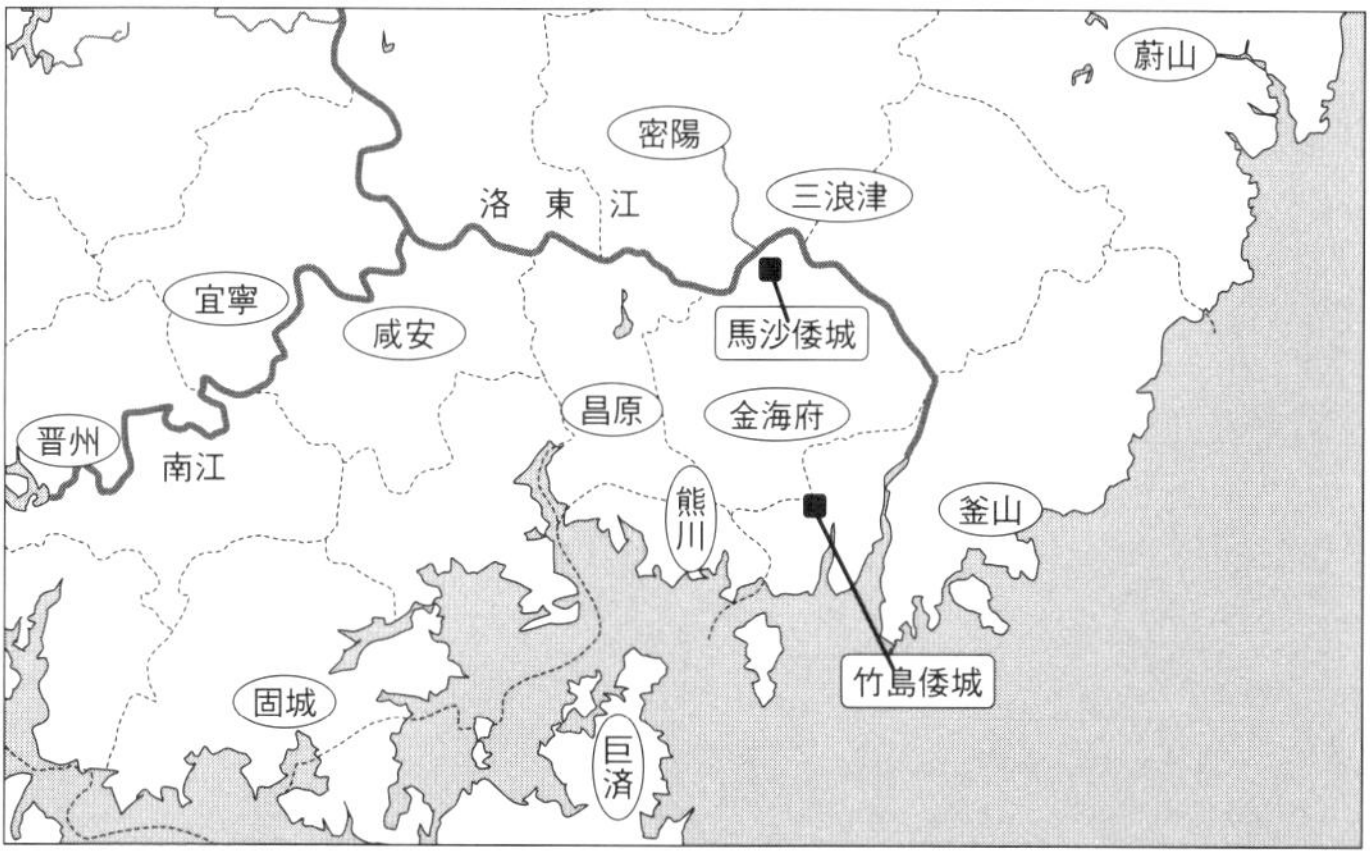

地図１　慶尚南道地図

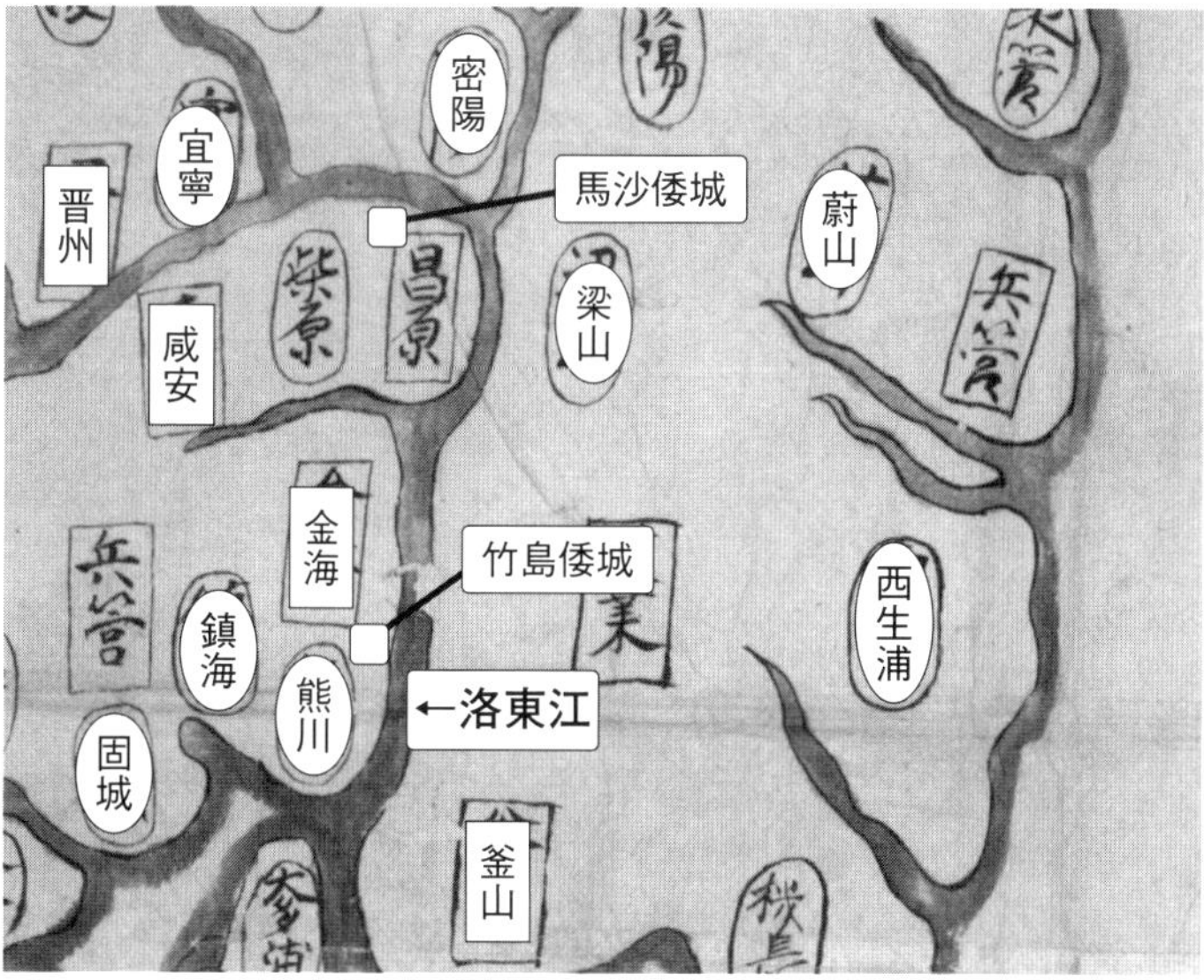

地図２　朝鮮八道図（部分）
（八代市立博物館未来の森ミュージアム所蔵「広島加藤家資料」）

そんな直茂が、行長の交渉の様子を秀吉に報告しなかったとは言えません。再派兵の方針を九月十日にあらかじめ直茂に伝えたのは、直茂から何らかの報告を受けてのこととも推測されます。

さて、冊封と朝貢の回答待ちの状態なのに翌年の戦闘再開・秀次出馬という秀吉の方針に接した行長は、彼らの在陣地域・慶尚《キョンサン》右道の兵馬節度使（地方の軍を統括する軍官。慶尚右道は慶尚道の西半分の地域）金応瑞《キムウンソ》に連絡をとり、宗義智の家中の者を派遣します。使者は金応瑞の部下に会って、冊封を朝鮮から督促して欲しいと求め、冊封講和が成立しなければ「来年正月、関白が自ら兵を率いて来襲し、明まで攻め込むことが決まっている（明年正月、関白親領兵出来、直入大明、定計矣）」（「実録」二十七年十一月乙亥一日）と告げます。この関白が秀吉と秀次のどちらを指すかは、はっきりしません。

行長は重ねて「明の封貢が実現しなくても朝鮮が和を結べば撤退する」（「実録」二十七年十一月壬辰十八日）と伝えました。実際に撤退するかどうかは別として、再派兵を防ぐためには朝鮮との条件だけでも満たそうとする行長の事情が窺えます。そして十月二十六日（明・朝鮮暦同日）、行長は金応瑞に直接会談を申し込みます。

十一月二日（明・朝鮮暦同日）以前に、会談の日時と場所を打ち合わせるために宜寧を訪問した行長の使者は、宗義智家中ではなく、鍋島直茂の副将・羅江戒底母此《ナガンゲジヤモチヤ》（朝鮮側が聞いた音に字を当てた表記で、中野あるいは長野源左衛門尉のことか）でした。会談の目的について使者羅江《ナガン》は「明が封貢を決めたのに朝鮮が反対して滞っていると聞いたので、行長が会いたがっている」と答えました。この言葉から、対明講和条件が冊封・朝貢だと知っている人物は、小西・宗・加藤のほかに鍋島も加わります。

羅江《ナガン》はこう補足しました。「太閤の人となりはとても恐ろしく、日本列島を平定するとまた別の欲を出して理由なく戦争を始めてこのようなことになりました。最近は特別な命令を出しませんが、『行長らは兵を率いて数年だが、いったい何ができたのか』と言うばかりなので、ついには殺戮を免れません。それで諸将はたいへん困っています。太閤が明春出馬すると言われていますが、本当かどうかはわかりません。ただ、甘朴司馬《カンパクサマ》は必ず出て来ます。（大閤之爲人、桀驁無比、既已平定諸島、又生他意、無端起兵、至於如此。近日別無伝令之事、只云、行長等領兵数年、所為者何事。終必不免於屠戮。諸将以此極悶。大閤明春雖云出来、未可的知。甘朴司馬則丁寧出来矣）」（「実録」二十七年十一月壬辰十八日）。

十一月初めには朝鮮側にも秀次渡海方針が伝わっていることがわかります。在陣大名らの立場からすれば、兵粮・人員不足ゆえに戦闘再開は避けたいところです。しかも西国勢が三年を費やして得たものが朝鮮南岸の城だけなのに、もし関白秀次率いる大軍が戦闘によって華々しい成果をあげたとしたら、行長はもとより西国勢はその無能さを追及されることが必至です。

行長の方針に反対するにせよ協力するにせよ、清正や直茂が講和交渉に関わるのは、それぞれが何らかの在陣実績を作って秀吉に示す意味があったとは考えられないでしょうか。

5　再派兵延期

さて、秀吉は十二月二十日付け朱印状で、秀次の出馬を明後年に延期することを発表しました（「立花家文書」四二三号ほか）。そして年が明けた正月十六日付け朱印状では、その理由を「当年働之儀可被仰付《おおせつけらるべし》と思召候処、寺沢志摩守（正成）参上仕、先当年之働無用之由、各《おのおの》言上之通被聞召届《きこしめしとどけられ》候事（今年は戦闘を命じようと思っておられたところに寺沢正成が参上したので、まず今年の戦いは無益であるとそれぞれが言上した通りにお聞き届けになりました）」（「立花家文書」三三二号）と説明しています。寺沢は兵粮管理のために朝鮮に派遣されていたので、九月の再派兵方針が発表されると、彼も軍糧不足の現実から在陣大名の声をまとめて再派兵延期を訴えに朝鮮を発ったと思われます。

秀吉が再派兵延期を決めた事情について、都元帥権慄《クォンユル》はこのように報告しています（都元帥とは戦時に軍務を統括する将帥のことです。朝鮮の官職の「都」は「総《すべて》」という意味で使われます）（「実録」二十八年二月癸酉三十日）。

去る正月九日に、慶尚右道兵馬節度使金応瑞《キムウンソ》の軍官・宋南生《ソンナムセン》を、日本軍の状況を調べるとともに降倭を誘うため、金海《キメ》・梁山《ヤンサン》に派遣しました。日本軍の情勢は、兵卒らが先を争って「講和が成ろうとしている、我々はもうすぐ帰国できる」と言って皆喜んでいました。また、こうも言っていました。

「関白（秀吉）が『増援軍を派遣するので明に向かえ』と各陣に書を送りました。しかし行長が関白に『朝鮮はすでに蕩敗して空虚の地で軍糧も尽きています。糧食を千里先まで運んで行き他国と戦うのはよろしくありません。しかも軍中は戦いを嫌い先を争って朝鮮に逃げる始末ですから、決して出兵して戦闘を再開すべきではありません。しかも講和は成立直前で明使が来るところです。しばらく軍をおさめて明使の来訪を待ちましょう』と返信しました。

清正は関白に『当初は中国を諸侯としようとしたのに、逆に中国の諸侯となるのはきわめて嘆かわしいことです。たしかに今年・来年には中国を攻撃できないとしても、朝鮮に駐留して十年も戦い続ければやがては目的を達するはずです。行長の言葉は卑弱なので、斬って首級をさらすべきです』という書状を送りました。

関白の回答は、清正の訴えを妄言、行長の意見を得計とし、皇女嫁聚・封貢のことを行長一人に委ねました」と。

権慄《クォンユル》が整理した報告が確かなら、鍋島直茂陣では一般の兵までが、秀吉の九月の諸勢渡海命令と、その成り行きを知っていたことになります。人々は、行長と清正が相反する意見を秀吉に述べたが、秀吉は行長の意見を容れて皇女嫁聚と冊封・朝貢での講和続行を認めたと噂しています。しかも冊封について、たんに日本国王が誰かという問題ではなく、中国皇帝の諸侯になるという意味まで今では理解しています。人々や清正が理解しているなら、秀吉にもその意味は伝わっているはずです。にもかかわらず秀吉は再派兵を延期し、封貢による講和策を継続したことになります。

秀吉はなぜ加藤清正の訴えを取り上げなかったのでしょうか。清正ですら、今年・来年の軍事活動は無理だと認めていることが鍵になるようです。加藤と小西と寺沢と諸大名が、兵粮不足という点では一致しています。今年・来年の再派兵がどのみち無理ならば、行長の語る講和に乗ってみようかという秀吉の現実的な計算が見えます。講和とは、軍備を整えるまでの時間稼ぎでした。

おわりに

講和というと未来永劫その体制を続けていくと思いがちですが、歴史的には状況次第で戦いと和議を繰り返します。講和とは、その時点で可能なものを手に入れることで、目的を達するまでの一過程に過ぎません。もっと言えば、大坂城講和の時点では、講和を中止しても再派兵が可能な政治的・経済的状況が備わっていたと考えられます。

文禄三年末に明の万暦帝は秀吉を日本国王に封じることを決定しましたが、肝腎の貢（貿易）は許可しませんでした。それでは困ると思う行長ですが、明の軍人・譚宗仁《たんそうじん》から「冊封関係が成立すれば折々に使節を明に派遣することになる。その際贈り物を持って行けば当然回賜があるではないか。その過程で改めて貢を求めればよい。何もかもを一時に得ようとするな」と助言されて納得したといいます（「実録」二十八年二月癸丑十日）。

しかし、日本国王冊封を秀吉は受け入れるものでしょうか。

まず、有馬・松浦氏の麾下の軍士が「秀吉は土地が欲しいのではない、明や朝鮮と通好して名前を残すことだ。そこにつけこんで行長が関白の意を得て交渉しているのだ」と語っている記事があります（「実録」二十八年四月辛酉十九日）。

中野等氏の研究によれば、朝鮮の北部四道を国王に還付した秀吉は、南四道を王子に支配させるかたちを考えていました。国内統一と同様、戦闘に参加した諸大名に朝鮮を分配することはなく、原則的には朝鮮国王と王子に支配を続けさせるという戦後構想です。秀吉は、朝鮮国王・王子を従える形を作れさえすれば、朝鮮の国土を自身で支配するつもりはありませんでした。

明の軍人陳雲鴻《ちんうんこう》は日本国王冊封の意味について、こう語りました。「冊封以前は日本・朝鮮・明は別個に存在していたが、今後は明は父母の邦、日本と朝鮮は兄弟の国、すなわち一家となる」(『実録』二十八年二月癸丑十日)。

「ただ西日本に号令するだけ」と加藤清正に評価される秀吉の個人政権をどう権威づけるかという課題において、日本国王冊封は一つの解決策になる可能性があったと思われます。明を中心とする東アジア国際秩序と無関係に存在していた「孤児」日本が「一家」の一員として迎えられる、それは「中国的世界秩序を後ろ盾にした政権」になることです。

明は秀吉を国王に封じる際、諸大名にも日本国王幕下としてそれなりの官位や衣冠を与えます。秀吉麾下の顔ぶれなど知らない明宮廷に対して、行長は誰にどの位を与えて欲しいという名簿を提出しました。内藤如安(小西飛騨守)が届けたので「小西飛《しょうせいひ》の稟帖《ひんちょう》(請願書)」(宋応昌《そうおうしょう》「経略復国要編」)と呼ばれるその文書は、「関白豊臣秀吉を日本国王とし、妻豊臣氏を妃とし、嫡子を神童世子とし、養子秀政（次）を都督とすなわち関白とする」ことを求めています。行長は、国王に次ぐ大都督に石田三成・増田長盛らと自分自身を希望しました（行長は今後も明と交渉する以上、位が低いわけにはいかない事情があったのでしょう）。

この文書が作成されたのは文禄二年から三年初頭と推測されます。まだ関白秀次が健在な段階なのに、行長は、秀吉の世子すなわち後継者を「嫡子」（秀頼）とし、養子の関白（秀次）を奉行衆より格下の位「都督」に位置づけたのです。国内で天皇を補弼する関白職は秀次でかまわないが、明を後ろ盾にした国際社会で通用する「日本国王」は秀頼が継承するという提案は、秀吉にとって、明の諸侯に成り下がるマイナスを上回る永続政権の魅力として映ったのかもしれません。

第七章

秀吉による伏見・大坂体制の構築

曽根勇二

はじめに

主君が乗馬する際、近くで護衛にあたった騎馬の武士を「馬廻」と呼びます。武士の発生とともに出現する存在ですが、馬廻が目立つようになるのは、戦国時代あたりからです。複数の武士が数組に編成され、それぞれに組頭が置かれるようになり、馬廻衆が形成されていきました。江戸幕府では小姓組と称され、組ごとに番頭や組頭、番士のランクに分けられ、平時は江戸城の警備を担いました。馬廻や小姓らは、主君の直接支配下に属する家臣、まさに直臣団です。将軍から封地を与えられる大名とは異なる存在です。

ところで秀吉政権においても、馬廻や小姓の存在を示す文書はありますが、従来の見解では、単に秀吉の警護を担当した存在としか言及されていません。そこでまず、史料で「馬廻」「小姓」と称された秀吉の直臣団が、どのようにして形成されたかを検討していきたいと思います。

1　馬廻衆の伏見・大坂移住

まず、浅野長吉・石田三成ら五奉行より、真野助宗に宛てて出された覚書を見てみましょう。

【史料①釈文】（早稲田大学図書館所蔵）

覚

一、御馬廻・御小姓衆十二組之内、知行手寄ニ付、在聚楽被相定《あいさだめらる》衆□（等）、伏見へ妻子引越
可有住宅《じゅうたくあるべき》之事、

一、大坂ニ被置《おかれ》候衆、今以、其通候間、就新儀ニ《しんぎにつき》、私宅用意之儀も無□（之）事候間、在伏見之
衆在付候中《ありつきそうろううち》、六月迄百日之間ハ、在大坂ニ□（虫損）候て、御普請并御供番、無懈怠《けたいなく》
可被相勤《あいつとめらるべき》事、

一、十二組、右両所ニ被相分《あいわけられ》、被仰出上者《おおせいださるうえは》、知行〳〵へ妻子引越、在郷之面々太以《はなはだもって》不
可然候、所詮自今以後、被仰出候儀、両所ニ住宅之衆迄へ、可被相触《あいふれらるべし》、其外在郷之面々

へハ、一切御無用之事、

一、如此相定候上、違乱之面々在之ニをいてハ、十二組可被相放《あいはなたるべき》事、

一、番頭、公儀御用として他出之時ハ、其くミ(組)高知行として、公儀御用組中相談候て、不可有由(油)断□(事)、

右、只今可得　御諚《ごじょうをうべく》候へ共、先為　各《おのおのとして》、如此候、重而可申上候、以上

(文禄四年)二月廿二日

民部卿法印(前田玄以)　(花押)
長束大蔵(正家)　(花押)
石田治部(三成)　(花押)
増田右衛門尉(長盛)　(花押)
浅野弾正(長吉)　(花押)

真野蔵人(助宗)殿

【現代語訳（本文のみ）】

覚

一、上様の馬廻り・小姓衆十二組のうち、知行高に応じて、聚楽第を警護する者たちは、妻子を引き連れて伏見城下に邸宅を構えなさい。

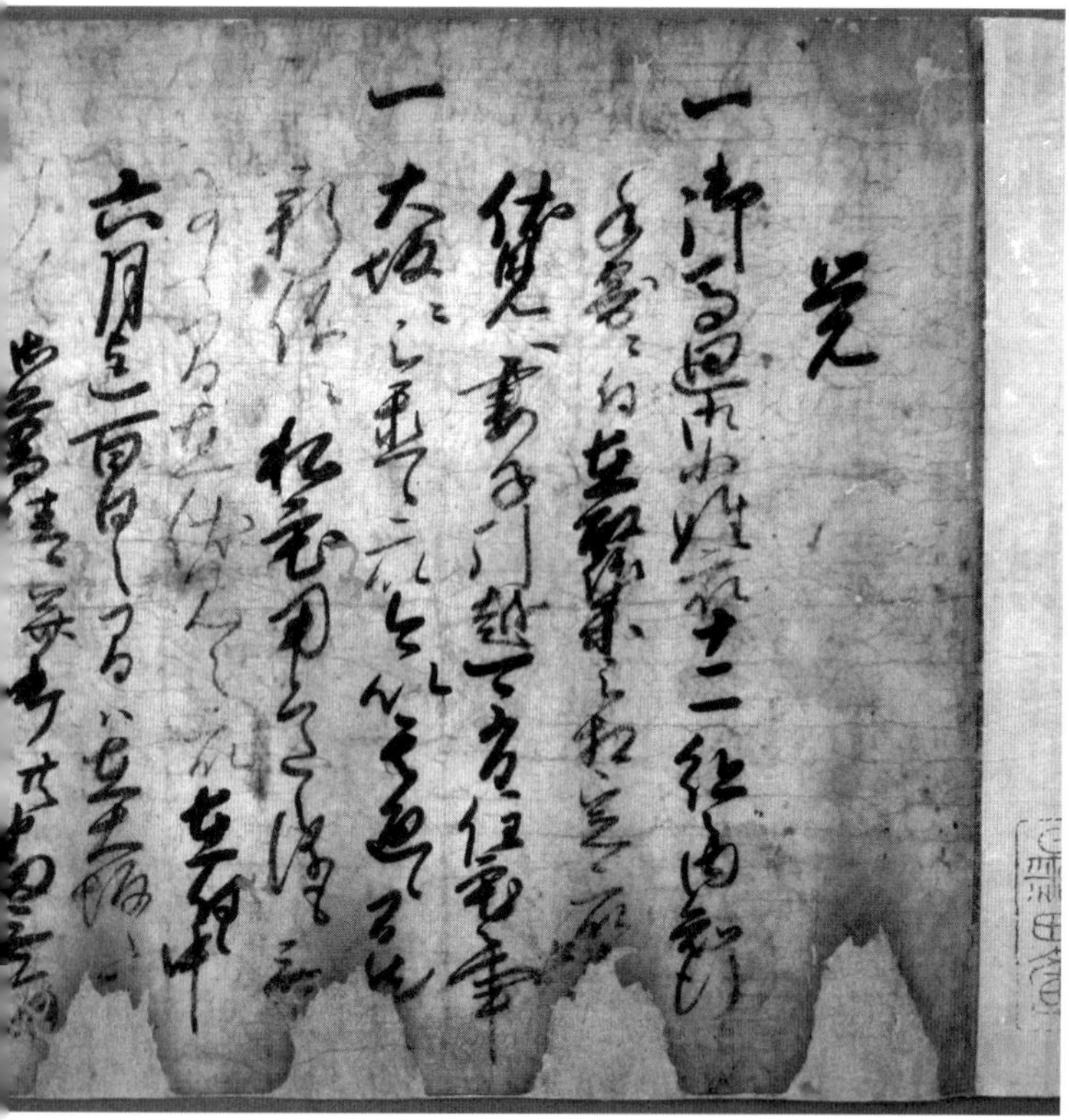

二月二十二日付け真野助宗宛浅野長吉ほか覚書

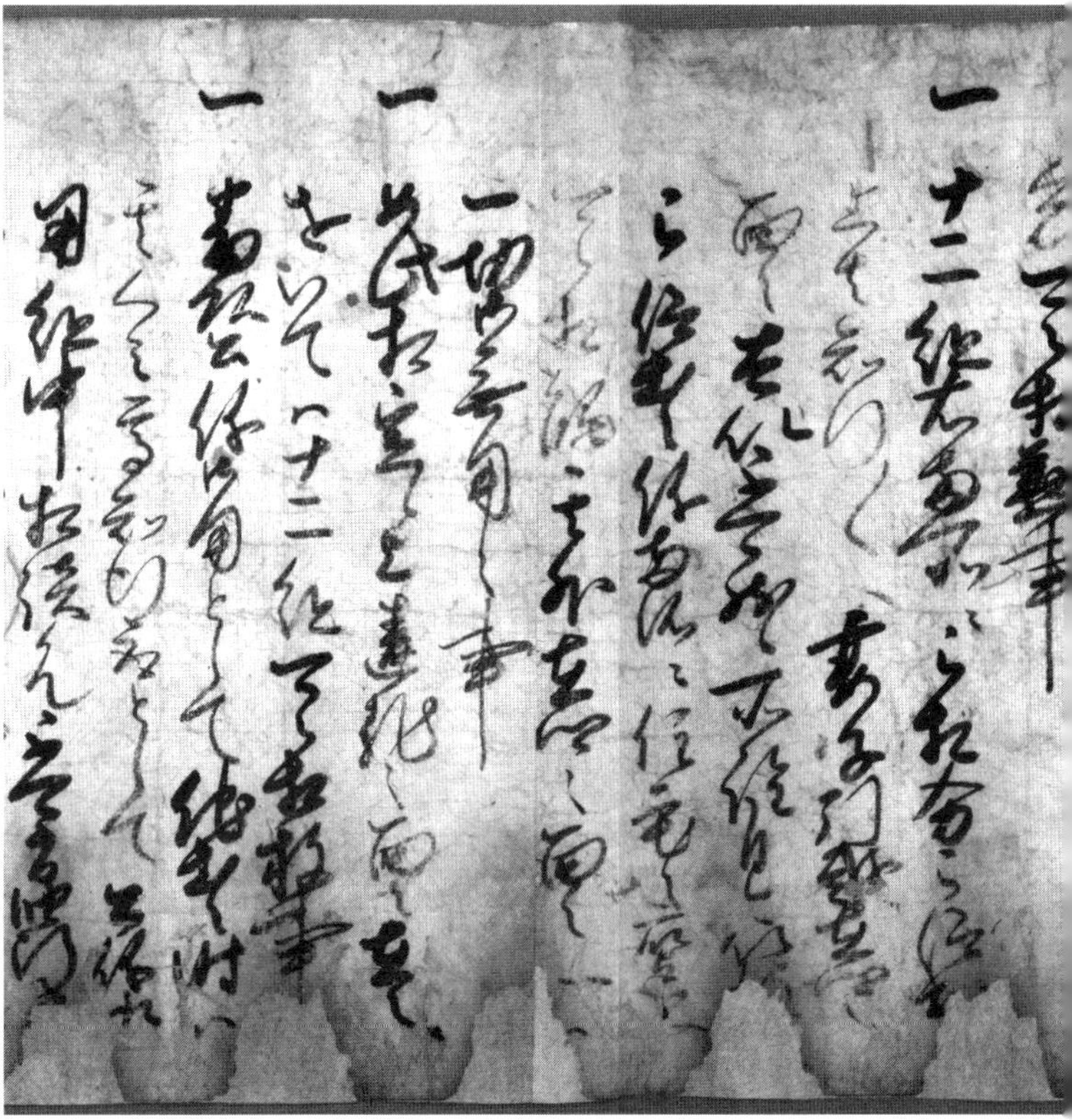

（早稲田大学図書館所蔵）

一、これまで大坂に配置されている者は今もそのままにし、新儀のことで私宅の用意もないだろうから在伏見の者が在り付くまで、六月までの百日間は、大坂に居て、大坂城の普請と警固をぬかりなく行ないなさい。
一、十二組は、右のように伏見と大坂に分かれて、秀吉様の指示により、知行に応じ、妻子を引き連れて引越しをし、決して村には居住しないようにしなさい。今後は、秀吉様の指示は両方の住宅の方へ伝えられることになり、村々に居る者には一切伝えられません。
一、このようなことが決められたので、これに違反する者があれば、十二組から放逐しなさい。
一、十二組のリーダーが公務を行なう際は、その組の知行を多く有する者として組のメンバーと相談し、間違いなく行ないなさい。
右の条項は、すぐにも秀吉様より命令があると思いますが、皆様のためにお知らせします。重ねて申し伝えます。以上です。

宛所の真野助宗は、天正十二年（一五八四）の小牧・長久手の戦いや天正十八年（一五九〇）の小田原攻めに従軍し、天正二十年（一五九二）の肥前名護屋城にも駐屯したことが確認できます。早くから秀吉に近侍し、その護衛にあたった人物です。小田原攻めの陣立書でも、秀吉の馬廻衆の一人として名前を見つけることができます（『伊達家文書』四八七号）。秀吉の死後も、秀頼に仕え、大坂七手組頭になっています。秀吉の身辺を警護した典型的な直臣の一人です。

まず史料①の作成年代です。ここに連署する「民部卿法印」とは前田玄以のことですが、彼が「徳善院」を名乗るのは文禄五年（一五九六）四月二十三日（『兼見卿記』文禄五年四月二十三日条）以降なので、史料①はそれ以前のものでなければなりません。さらに史料①の内容からすると、伏見城の城下町整備がかなり進んでいたことがわかりますが、伏見城の普請が本格化するのは文禄三年（一五九四）三月からです。したがって史料①は、これ以後に作成されたことになりますので、史料①の年代としては文禄四年（一五九五）か同五年が有力となります。

史料①の内容をじっくり見てみましょう。第一条では、秀吉を警護する「馬廻・小姓衆」のうち、聚楽第（京都）に居るよう決められた者は、妻子を伏見に移住させて自らの住居を構えることが命じられています。このことから、宛所の真野らの知行地は、伏見周辺にあったことがわかります。また第二条では、大坂に居る者に対し、そのまま大坂城の普請と警備をぬかりなく行なうよう命じています。つまり第一条と第二条では真野らに対し、京都から伏見へ移住するよう命じ、その一方で、大坂城の普請と警備を命じたのです。続く第三条では、彼らが農村にとどまることを禁じています。そして今後、秀吉の指示は、秀吉の奉行人から伏見あるいは大坂に住居する者に伝えられ、村々に残る者には一切伝達されないとのことです。秀吉の馬廻・小姓衆である「十二組」の武将らは、各自の知行地に応じて、伏見と大坂のいずれかの組に分けられ、その妻子らも城下に移住するよう命じられたのです。

第四条では、これらのことが決まったからには、違反した者は十二組から追放するとも言っています。さらに第五条では、各組のリーダーが公務を行なう時には、その者はその立場をよく自覚しながら配下のメンバーと公務を遂行し、決してぬかりのないよう命じています。ここからも、十二組には、各組のリーダー（番頭《ばんがしら》）がいたことがわかります。そして「右の条項は、すぐにも秀吉様より命令があると思いますが、皆様のためにお知らせします」と結んでいます。こうして秀吉は、伏見と大坂の一体的な都市形成を図るとともに、彼ら直臣団に対し、その普請と警備を命じたのです。

ところで、これだけではまだ史料①の年代が特定できないので、ほかの文書を見てみましょう。

文禄四年正月三日、秀吉は、浅野幸長・仙石秀久・石川光吉へ宛てて朱印状を発給しています（『浅野家文書』九三号）。この朱印状は、秀吉が上野の草津温泉へ赴くにあたり、浅野幸長・仙石秀久・石川光吉ら当該大名に対し、信濃・甲斐・上野の大名を動員して普請するよう命じたものです。「草津での御座所を設置することを申し付けますが、石垣・塀・御番所及び二間

×三間の小屋なども、それにつり合うようなものにしなさい。こちら（京都）を三月十五日に出発するから、そのように心得ておきなさい。すべて三月二十五日までに完成させておくよう命じなさい」ともあります。さらにこれに関連する文書として、以下のような秀吉朱印状もあります。

【史料②釈文】（『浅野家文書』九三号）

くさ《（草）》津ゆ《（湯）》道　御とま《（泊）》り所々

（前略）

御とまり〳〵御番衆之事

一、岐阜　真野蔵人《（助宗）》組　一、かな山《（金山）》　中島左兵衛・橋本伊賀《（道一）》く《（組・以下同じ）》ミ　一、土岐　桑原次右《（貞也）》衛門・鈴木孫三郎《（重朝）》くミ、一、落合　尼子三郎《（義久）》左衛門くミ・宮木藤左衛門　一、のしり《（野尻）》伊藤丹後《（伊東長次）》くミ・長束太郎兵衛くミ　一、ふく《（福）》島　石川久五郎《（光元）》くミ・木下與右衛門《（延重）》　（中略）　一、かんはら《（鎌原）》　速水甲斐守《（守久）》・生熊《（長勝）》源介

右、三日計《ばかり》御さき《（先）》へ相越、御着座を可相待もの也

文禄四年正月二日◯　（秀吉朱印）

上野の草津温泉で湯治することを計画した秀吉は、京都から草津への道中に所在する大名には草津に御座所を建設するよう命じるとともに、真野助宗ら馬廻衆に、東山道の各所で宿泊する際の警固を命じました。史料②はその一部ですが、ここからも史料①にある「十二組」のメンバーと思われる人物を確認することできます。ここから、岐阜は真野助宗の組が、美濃金山（現・岐阜県可児市）は中島・橋本の組が、そして上野鎌原（現・群馬県嬬恋村）は速水守久と生熊長勝が護衛にあたったことがわかります。文禄四年正月の段階で、すでに史料①で見た「番頭《がしら》」が存在し、秀吉の警固という、「公儀御用」を担当しているのです。

これらのことから、史料①を文禄五年とするよりも、文禄四年とする方が自然かと思われます。

史料①や史料②から秀吉馬廻衆の業務を考えてきましたが、これらと関連するものとして次の文書があります。

【史料③】（『舒文堂古書目録』第三八号、二〇〇七年）

為御意急度申入候《ぎょいとして》、来三月以前、各妻子、伏見へ可被引越之旨《ひっこさるべき》、堅被仰出候、早々御越尤候、不可有御由断（油）、恐々謹言

（文禄三年）十二月二日　　長束大蔵

正家（花押）
増田右衛門尉
長盛（花押）
石田治部少輔
三成（花押）
浅野弾正少弼
長吉（花押）

薄田隼人佐殿（兼相） 御宿所

【現代語訳（本文のみ）】

秀吉様のご命令として厳重に申し入れます。来年の三月までの間、各自の妻子を伏見に移住するよう厳しく命じましたので、早々に移住することを怠らず行ないなさい。以上です。

史料③の冒頭に「秀吉様のご命令として厳重に申し入れます」とあることから、この文書が秀吉直書（朱印状）に対する添（副）状であることがわかります。宛所の薄田《すすきだ》兼相《かねすけ》は、史料①の真野助宗と同様、秀吉の馬廻衆の一人です。彼もまた、秀吉の死後は秀頼に仕えています。

特に大坂の夏の陣では、真田幸村や後藤又兵衛らとともに秀頼に殉じた著名な人物です。

史料③で秀吉は、奉行衆を介して、薄田にも来年三月までに各自の妻子を伏見に移住するよう命じています。史料①の第一条とほぼ同じ内容の命令です。明らかに史料①と関連するものですので、本稿では史料③の作成年代を文禄三年と比定しておきます。

2 大名妻子の大坂移住の意味

前節で、秀吉が馬廻衆に対し、伏見や大坂へ妻子とともに移住するよう命じた様子を見てきました。ここから、伏見や大坂に、秀吉政権を支える支配体制が構築されつつあったことが伺えます。

ところで文禄二年（一五九二）と推測される正月三日、秀吉は、九州大名である大村氏の留守居（国許の重臣）に対し、「（国許の）家臣のうち、朝鮮へ派遣する軍勢と領内にとどまる軍勢をよく区別し、そのことを記載した書類を提出しなさい」と命じています。さらに「もしも朝鮮に渡ることを拒否する者が居れば、即座に処罰します。また領内に残る者には、その妻子を今月十五日までに大坂へ差し出すよう命じなさい」（藤野保・清水紘一編『大村見聞集』高科書店、一九九四年）と指示しています。

同じ朱印状で秀吉は、大村氏に「来年三月に私も朝鮮へ渡り、朝鮮の統治を差配し、日本軍も早急に帰国させる」とも述べています。引き続き朝鮮に駐屯させる大名に対し、自らが現地に出撃して戦況を打開することを示唆しています。また、朝鮮に駐屯させた大名には、中国・朝鮮軍からの攻撃に対処するための「倭城」の建築、長期の駐屯に耐え得る軍需物資の供給を独自に行なうことを命じています。その一方、国許の重臣にはさらなる軍勢を派遣することも要求しました。日本軍は、このような秀吉の過酷な命令によって、長期にわたり朝鮮に駐屯できるような軍団に変貌させられていったのです。

同じく文禄二年と推定される正月十七日、秀吉は、九州の大名蒲池《かまち》吉広に対し、「蒲池鎮運が朝鮮で病死したので、弟である源十郎が家中の者たちを統率するのは適切なことだと思います。九州や中国にいる大名はみな妻子を大坂へ提出するよう命じましたが、あなたの母親は例外として名護屋へ戻します。そこで、国許の重臣の妻子を差し出しなさい。なお詳細は浅野長吉が伝えます」（「蒲池家文書」（『福岡県史』近世史料編・柳川藩初期下、一五八号）との朱印状を出しています。冒頭で登場する「蒲池鎮運」とは、肥後の名族蒲池氏分家の当主で、九州の陣後、秀吉に服属した立花宗茂の一族として領知安堵された人物です。そのため彼は立花氏らの「与力」として朝鮮へ出撃しますが、天正二十年七月十三日、朝鮮で病死します。

また、宛所の「蒲池吉広」は鎮運の嫡子吉広のことです。天正二十年八月五日、蒲池吉広へ宛てられた浅野長吉の書状にも、「蒲池鎮運殿の病死は不慮のことで、仕方がありません。跡目相続の件ですが、決して間違いのないようにしてほしいと秀吉様に申し上げておきました。家来たちにこのことを伝えなさい。なお秀吉様から頂いた実名は、吉広となりました」(「蒲池家文書」(『福岡県史』近世史料編・柳川藩初期下、一六二二号)ともあります。このような浅野長吉の支援もあって、秀吉は、弟の源十郎が朝鮮で家中を統率する役割を担うことを命じ、吉広が鎮運の跡目を相続することを許可したのです。しかし、たとえ「戦力」にならない幼少の吉広であっても、当主として人質は提出しなければなりませんでした。当主の鎮運が死去したため、その妻子は人質の対象から外れ、跡目相続を承認された吉広が、当主として母親を、また重臣もその妻子を、人質に出すことになったのです。

しかも、この人質提出の場として指定された場所が、大村氏への秀吉朱印状に見るように「大坂」であることには大きな意味があります。例えば文禄二年正月十九日、帥法印《そつほういん》・松浦重政へ宛てられた秀吉朱印状(『改訂・松浦有浦文書』二一七号)によると、「九州・中国の大名らが妻子を差し出すようになったが、その地で邸宅が見つからない者には、便宜を図って空き家を提供するようにしなさい。もしそれができない時は、あなたがたが留守居として妻子らを受入れるようにしなさい。なお詳細は浅野長吉が伝えます」とあります。このように秀吉は、九州・中国の渡海大名すべてを対象に、浅野長吉を介し、人質提出を命じたのです。そして、大名が自力で大坂に邸宅を確保できない場合、帥法印や松浦重政が「空き家」を確保するように命じています。帥法印や松浦重政は「大坂代官」とも称される存在であり、彼らも馬廻衆と同様、秀吉の直臣と考えてもよいでしょう。だから人質は大坂にも提出されているのです。

この時期、軍需物資供給の拠点として大坂の重要性は、今まで以上に高まっていました。朝鮮出兵が長期化するようになり、日本列島全域からの物流補給路として、朝鮮や九州地方を結ぶ地として、大坂の経済的な重要性が再認識されたのです。

文禄二年以降、秀吉は伏見と大坂を拠点とすることを考え、伏見と大坂を一体化させる都市整備を図っていたのです。そこで、伏見城の普請が構想され、同時に大坂城の本格的な普請に取りかかりました。伏見・大坂を拠点とする物流システムを形成することによって、九州地方だけではなく、東国（北陸地方および伊勢湾以東の地）からの物資供給も可能にしようとしたのです。こうして日本列島をめぐる陸上と海上の交通体系が整備されますが、これは秀吉政権の東国支配の関係からも、極めて重要なことでした。（曽根勇二『秀吉・家康政権の政治経済構造』校倉書房、二〇〇八年）。

もともと大坂は、紀伊半島や伊勢湾内、あるいは東海・関東地方との海上輸送の拠点でした。伏見と大坂が淀川水系で結びつけば、さらに京都や琵琶湖湖上水運を介して、東山道の内陸地とも、これまで以上に強く結合するとともに、軍需物資の供給を介して、輸送拠点として伏見と大坂の地が一体的に重視されるようになります。陸上及び海上交通が連携した、日本列島全体をめぐる物流のネットワークが形成されるのです。その結果、畿内を拠点とし、西国と東国が強く結びついた日本列島は、軍需経済に沸くことになりました。

こうして、海外の長期戦に耐え得る物流的な国内体制が強化されました。同時に、戦争を指導する秀吉や諸大名ら武家階級が、伏見や大坂に定住するようになったことも重要です。史料①〜③が出された背景には、このような動きがあったのです。伏見や大坂という地は、朝鮮出兵の継続を支えるために、単に経済的な意味から拠点になっただけではなく、政治都市としても誕生しつつありました。この点については次節で述べていきます。

3　大名の伏見・大坂移住

文禄二年六月以降、文禄の役の講和・休戦期に入ると、帰国する大名もいれば、そのまま朝鮮に駐屯を命じられた大名もいました。文禄三年十二月朔日、相良長毎が朝鮮に駐屯中の島津義弘へ出した書状を見てみましょう。

相良氏はまず、「長らくお会いしていませんが、お元気でお過ごしかと存じます。本当に長く朝鮮に駐屯し、さぞや退屈かと思います。私の方も、あなたの領国（薩摩）も特に変わったことはなく、無事です」（「薩藩旧記雑録後編」（『鹿児島県史料』第二巻・一二四〇号））と、島津氏へ労いの言葉をかけています。続けて、「建築中のあなたの京都屋敷ですが、建物はとてもきらびやかに完成しつつあります。決して心配することはありません」と報告しています。さらに相良氏は、「なお国内に残っている大名たちは、秀吉様から伏見城を建設することを命じられており、その城もほぼ完成したようです。先月の二十一日には秀頼様も入城し、多くの人々が喜びました。天下泰平とはこのことです」と述べています。

開戦以来、朝鮮半島へ出撃した島津氏の軍勢は、そのまま朝鮮に駐屯していました。しかも島津氏はそのまま朝鮮に残り、同地を支配するとともに、京都に自らの屋敷を建築することも命じられています。

同書状で、相良氏は島津氏に対し、「毎日、私の家臣たちと、あなたがたのことを話題にし、少しでも早くあなたが帰国できることを祈っております。あなたのところでは、近年婚儀があるようですが、ご子息が朝鮮の地で病死したことは誠に残念です。しかし秀吉様もいろいろと考えていらっしゃるようですので、一族の忠辰様が改易された件は、あまり深刻に考えない方がよいと思います。あなたは詳しく弁明したいでしょうが、それは無理なことでしょう」とも述べています。朝鮮に駐屯中の島津義弘は、この戦場で嫡男の久保《ひさやす》を病により失い、秀吉に反抗的であった忠辰も改易されています。

秀吉の命令により朝鮮半島へ出撃した日本軍ですが、各大名は独自の軍団として参加していました。つまり開戦当初の日本軍は、決して統制がとれているとは言えませんでした。しかし秀吉は、戦争の長期化を利用して、しだいに自分の指揮に従うような軍団に編成しようとしたのです。文禄二年五月の島津忠辰の改易も、こうした意図の下で行なわれた施策の一つでした。相良氏の書状からは、互いに秀吉の意思に逆らえない同じ大名として、島津氏の立場への同情が感じられます。

秀吉の意思に逆らえないのは、朝鮮に駐屯する大名ばかりではありません。文禄四年、秀吉は伏見で正月を迎えます。その年の正月十八日、吉田神社の神宮・吉田兼見《かねみ》の日記には「今日、蜂須賀家政が、大坂で秀吉様に御成してくれるよう申し入れた」(『兼見卿記』文禄四年正月十八日条)とあります。

この時の秀吉のような人物が、大名の邸宅を個別訪問することを「御成《おなり》」と称します。文禄三年四月八日、秀吉が京都の前田利家宅を「御成」したことは著名ですが、「御成」を受ける大名からすれば、これは大変に名誉なことでした。文禄四年十二月二日、秀吉の奉行衆(増田長盛・石田三成・長束正家・浅野長吉)が、蜂須賀家政へ宛てた連署状にも、「来月十日までに、蜂須賀家政は、大坂の自宅で秀吉様の〝御成〟を受けます。そのため秀吉様は各大名に対し、正式な装束で秀吉様のお供をすることを命じています。このことをよく心得ておきなさい」(『南部家文書」もりおか歴史文化館所蔵）とあります。秀吉は、このように伏見と大坂の間を頻繁に行き来し、大名と交流をしていました。さらに、伏見や大坂における大名屋敷を個別に訪問するにあたり、他の大名には、これに同行するよう命じたのです。

同じ文禄五年四月十五日にも、秀吉の奉行衆（前田玄以・石田三成・増田長盛・長束正家）は、中国大名の吉川広家に連署状を出しています。これも冒頭で、「これは秀吉様の命令として伝えます」とし、続けて「今回、秀吉様は、大名の長宗我部元親の邸宅に〝御成〟をします。その時、秀吉様は牛車を用います。大名たちには、正式な装束と騎馬を用意して参加することを命じます」（『吉川家文書』九八六号）とあります。四月二十七日、秀吉は長宗我部氏の邸宅に御成していますす（『孝亮記』文禄五年四月二十七日条）。

秀吉は、大名邸宅への個別訪問を大切な「国家行事」と位置づけ、多くの大名に参加することを命じていたのです。秀吉は一種の軍事パレードとして「御成」を繰り返すことによって、さらに大名との主従関係を明確にしようとしたのでしょう。このように国内に残る大名に対しても、秀吉は自らの指揮下に入ることを強要したのです。

4 伏見城・大坂城の普請

秀吉は、伏見や大坂に自らの城を諸大名に建設させただけではありませんでした。朝鮮での戦争の長期化に伴い、伏見と大坂を日本列島の物流拠点をするだけではなく、秀吉をはじめとする領主階級が一堂に集まる政治都市に変貌させようとしていました。海外の戦争に対する国内支配の体制を確立させるため、首都を形成しながら、領主階級の結束も強化させようとしました。そのために、史料①のように、馬廻衆を自らの近くに配し、その業務を明確にして直臣団を形成しました。彼らは、秀吉の親衛隊とも言うべき、国家運営の実務を担当した奉行衆（五奉行）とは異なる存在だったのです。

ところで伏見や大坂の城普請について、豊臣秀次の側近駒井重勝は文禄三年正月二十日の日記に次のように記しています。

「前田玄以から正月十九日付けで書状がありましたが、その内容は以下のとおりです。①大坂へ赴くのは正月二十四、五日頃が妥当です。②大坂城普請について、伏見城三の丸の堀・伏見城惣構の堀・大坂城の三つに分けて命じられたが、秀次の配下にある池田輝政・堀尾吉晴・山内一豊・松下之綱・田中吉政・中村一氏は、そのうち伏見城普請の石垣を担当しなさい。また堀尾吉晴は大仏に関与しなさい。③伏見城普請担当の武将が差し出す石については、書類で知らせるよう熊谷と駒井が言ってきました。同じく国元の尾張に居る者たちにも知らせなさい」（『駒井日記』文禄三年正月二十日条）

このように、文禄三年正月には、伏見城と大坂城の普請がほぼ同時に行なわれていたのです。この動きは、文禄三年三月二十七日、山中長俊が、熊野の有力者である小山式部丞と安宅《あたか》に宛てた書状からもわかります。

「大坂城本丸の作事について、帥法印が材木を調達したところ、あなたがたが押し留めたようですが、どのような理由があったのでしょうか。もし公儀の御用を妨害するようならば、あなたがたのためにはなりません。すぐに妨害を止めなさい。あなたから公儀の御用による山出しであることを言うべきでしょう。追伸として申し上げますが、帥法印から天満の材木屋彦左衛門という者を派遣させます。直接ご相談ください」（「小山家文書」『日置川町史』第一巻中世編・七九号）

ここに登場する「帥法印」は、前述したように秀吉の大坂代官衆の一人です。秀吉が諸大名へ人質の提出を命じた際、大坂での邸宅確保に便宜を図るよう指示された人物です。また「天満の材木屋」が関与していることからも、この時の大坂城普請では、紀伊材が紀伊半島に沿って海上輸送で大坂湾内まで搬出されたことが推測されます。

このような材木搬送ですが、文禄四年七月二十八日、秀吉の奉行衆（浅野長吉・前田玄以・石田三成・増田長盛・富田一白・長束正家）が美濃の佐藤方政に出した連署状には、「今回、石川光吉（尾張犬山城主）のところから搬出され、美濃で渡される榑木《くれき》（定規格の小板材）のことですが、来月十日までに、すべて朝妻（琵琶湖畔の湊、現・米原市内）まで届けるように秀吉様が命じております。秀吉様は、聚楽第の建物を伏見の地に移し、もう一度建て直すおつもりです。もしもこの作業に手抜かりがあれば、あなたの怠慢としますので、よく承知しておきなさい。追伸として申し上げますが、あなたは早々に領国に戻り、すぐにも榑木を届けなさい」（「京都市歴史資料館所蔵文書」）とあります。

当時の材木は、造船や城郭に用いる最も重要な軍需物資の一つです。特に木曾山は、材木資源の宝庫でした。そのためか秀吉は、文禄二年以降、周辺の大名に木曾山からの材木供出作業を命じています。木曾山で伐採された材木は、木曾川などの河川で搬送され、尾張の犬山で陸上げされてから、美濃や近江を経由し、さらに琵琶湖の水運を利用して、京都や伏見へと運搬されました。伏見城や大坂城は、こうした大名の負担によって運搬された資材で建設されたのです。

木曾山だけではなく、材木資源に恵まれる地域は、さらに東国である関東・東北地方に多く、それを大量かつ早急に運搬するためには、伏見のような「内陸」と「海上」の二つのルートが併用できる場所が必要になってきます。京都では、このような条件を満たすことはできません。従来のように美濃や近江を経由する琵琶湖水運ルートだけに依存せず、伊勢湾を含めた海上交通、大坂湾（淀川河口）から淀川の河川交通に適する場所が伏見でした。だから秀吉は、大坂湾と一体化できる場所である伏見の地に、巨大な城郭を建築することを命じたのです。

一方、朝鮮半島や九州地方へ軍需物資を供給するという面では、瀬戸内海や大坂湾に面した大坂も重要な拠点となります。当該期の秀吉政権は、伏見と大坂を同時に拠点化することが求められていました。大坂と伏見を一体的に把握することで、大坂湾の海上輸送と琵琶湖水運を連携できるようになり、これまで以上に、東国から伏見や大坂へ、大量な材木や兵粮が搬送できるようになったのです。軍需物資（材木や鉱産物）を大量かつ恒常的に搬送するために、このような陸上交通と海上交通による連携する必要があったのです。

文禄二年十一月には、浅野長吉（若狭小浜城主）が甲斐府中（甲府）城へ移封しており、さらに東国の鉱山支配も本格化しています。こうした動きも、伏見・大坂城の普請に結びつき、直臣団の伏見や大坂への移住に繋がっていったのです。

5　首都伏見・大坂の継続

秀吉の死後も、大坂の都市整備は継続されました。例えば、秀吉が死去した翌年の慶長四年（一五九九）閏三月二十三日、秀吉の奉行衆（前田玄以・浅野長政・増田長盛・長東正家）から竹中隆重（豊後高田城主）へ出された書状（「市田靖氏所蔵文書」『岐阜県史』史料編・古代中世一）によると、「あなたは伏見に妻子を置いて、大坂城の警備や建設工事を担当し、その他の業務も行ないなさい。伏見にも時々は来るようにしなさい。これらはかつて秀吉様が決めたことです」とあります。秀吉の死後も、大坂と伏見の両都市を警衛する大名が居たのです。大坂城の普請も続いており、その都市整備も継続していました。

さらに慶長四年二月二十日、秀吉の奉行である長束正家は、越前の大名の溝江長氏に書状を出しています（「中村不能斎採集文書」、東京大学史料編纂所写本）。「通告したように、大坂城の建設工事は、来月朔日から開始されます」と始まり、ここからも、秀吉の死後も各大名の負担で大坂城の建設工事が続けられたことがわかります。続けて長束正家は、同書状で「今回は大坂城の堀を建設する工事なので、その用意をしなさい」と指示しています。秀吉の死後は、大坂城の二の丸・三の丸の地域だけではなく、大坂湾沿岸の船場《せんば》も開発されています。港湾都市大坂の機能はさらに高まっていたのです。

以下のような文書もあります。慶長四年と推測される九月十九日、秀頼の家老である片桐且元が、宮木藤左衛門・生熊長勝・伊藤長弘・松平伊豆守・上杉義春・石川光元・蒔田政勝・上田宗固・朽木六兵衛・野村直隆に宛てた書状で、「千里山には、以前から摂津豊島郡の小曽根・神明・服部村が入会地として立ち入っていましたが、先日私たちが検地を実施した時、熊田・桜井両村から、検地帳に村高として入れてほしいとの要請があり、私たちも構わないと申しました。田畑とは異なるものとして村高に入れ、双方には検地帳を渡しました。山の境目については、まったく区別がつかなくなっているので、従来のように利用しなさい」(「野口基之文書」〔『豊中市史』史料編三〕)とあります。

これは摂津千里山の立入りに関する紛争事例です。摂津豊島郡原田村以下の村々は、千里山を入会地として利用していましたが、検地によって千里山の地が熊田・桜井両村の村高に組み入れられ、千里山の立入りをめぐる村々の紛争が起きたのです。ここで注目すべきは、従来どおりにするようにとの裁定が、豊臣直臣である宮木以下へ通告されたことです。片桐且元が、このような裁定を宮木らへ報告したのは、いずれかの村々が彼らの知行地であったからです。つまり秀吉の死後も、彼ら秀吉直臣団の知行地は、そのまま伏見や大坂の周辺に点在していたのです。

また、大坂城の普請が継続されていたことも重要なことです。こうした都市整備は、大坂湾の港湾機能を秀吉在世中よりさらに高めるものであり、江戸時代における港湾都市大坂の基盤がここで形成されたと言っても過言ではありません。

おわりに

秀吉の死後、その後継者争いが起こりました。慶長五年九月十五日、徳川家康と石田三成の陣営の間で行なわれた関ヶ原の戦いです。これに勝利した徳川家康は、日本列島における国家運営の主導権を握ることになります。しかし家康は、諸大名への知行宛行などの公務を、常に伏見城で行なっていました。まさに秀吉政治を踏襲する形で、家康政治は進められました。家康の独断で公務を行なうことはできず、新たな政治体制を樹立させるようなものではなかったのです。秀吉という軍事カリスマ（独裁者）を失い、再び大名連合（「寄せ集めの政治集団」）の国家になる可能性もありました。家康は、諸大名に対し、秀吉政治を踏襲する立場を明らかにしなければならなかったのでしょう。

関ヶ原の戦い後の家康は、たしかに国家運営の主導権を握りましたが、それは伏見の地で公務をする権限だけであったと考えるべきです。秀吉政治を継承すべく秀吉の遺児である秀頼が存在し、家康は完全に大坂の地を掌握することができなかったからです。さらに京都には天皇が居り、彼らには武家官位を任ずる権限があります。ともかくも伏見と大坂を一体的に掌握し、ここを拠点として日本列島全域を支配した秀吉政治と比較すると、当時の家康権力は、まったく次元の異なる脆弱なものと考えるべきでしょう。

家康は、伊勢湾沿岸や木曾山を掌握するため、駿府に拠点を置きながら、本拠地江戸の整備を行ないます。家康は、このように江戸や駿府を拠点とし、政権の基盤を東国に置く準備をし、その実効も高めていきます。しかし一方では、伏見の地だけではなく、次第に港湾都市機能の高まる大坂を掌握しなければ、とうてい西国を支配することができないことを実感するようになります。京都に二条城（将軍の宿泊所）を建設し、まずは天皇勢力を制することはできましたが、容易に大坂の地を掌握することはできませんでした。特に大坂及び九州地方を掌握しなければ、朝鮮や中国だけではなく、進出してきたヨーロッパの新勢力（オランダ・イギリス）との貿易も望めません。家康は、大坂の掌握を常に見据えていました（曽根勇二『秀吉・家康政権の政治経済構造』校倉書房、二〇〇八年）。

慶長二十年五月、家康は、大坂夏の陣でようやく豊臣氏を滅亡させ、伏見と大坂を一体的に掌握することができました。ここに、徳川政権による日本列島全域の支配が開始されることになるのです。

第八章　大坂の陣をめぐる豊臣家と徳川家

白根孝胤

はじめに

慶長五年（一六〇〇）九月、徳川家康は「天下分け目」の合戦と言われた関ヶ原の戦いで、豊臣政権内で対立していた石田三成に勝利しました。しかし、これは豊臣政権の大老としての戦いであり、当時対立していた石田三成らを謀反人として誅伐する目的で行なわれたものでした。家康に味方した豊臣恩顧の諸将も同様の考えで、大義名分の上では豊臣家と徳川家の戦いではありませんでした。

したがって、豊臣秀吉の遺子秀頼はやがて関白に任官され、武家政権の統治者の地位につくものだと、広く世上には認識されていました。そうした中で同八年二月、家康は征夷大将軍に任ぜられました。源姓を名乗る武家の棟梁として、将軍という伝統的な官職の任官により権威化を図るとともに、徳川家による全国統治の正当性を打ち出したのです。

こうした当時の情勢をふまえて、家康の将軍任官から大坂の陣に至る間の政治体制は、秀頼を頂点とする「関白型公儀」と家康を中心とする「将軍型公儀」が併存した「二重公儀体制」であった、という見解が出されています（笠谷和比古『戦争の日本史17　関ヶ原合戦と大坂の陣』吉川弘文館、二〇〇七年）。

「公儀」とは正当性を持った公的な権力という意味ですが、二つの公儀が併存する体制は、両家の政治的・軍事的関係の均衡が崩れてしまう危険性を常に含んでいました。そのため、秀頼と家康の孫娘千姫の婚姻に象徴されるように、血縁的な結びつきが重視されました。家康は天皇家とも同様に血縁的関係を築いています。こうして、徳川将軍家と豊臣家・天皇家との安定的な関係の維持を図ったのです。

このような家康の婚姻戦略は、豊臣恩顧の諸大名に対しても実行されました。家康は関ヶ原の戦い後、豊臣恩顧の諸大名、および自分の子息や家臣によって創出した徳川一門・譜代大名の所領を安堵し、新しい領国体制づくりに着手しました。その際に豊臣系大名と徳川一門・譜代大名との血縁的関係を形成し、関係を強化していったのです。

本章で取り上げる浅野家と尾張家の婚姻も、その戦略の一つと言えます。これまで、両家の婚姻は、徳川方が大坂に再出陣する口実であったという程度にしか語られてきませんでした。そこで本事例を中心に、大坂の陣に至る豊臣家と徳川家の動向を検討してみたいと思います。

1　徳川義直の婚礼と豊臣秀頼の書状

慶長二十年（一六一五）四月十二日、徳川家康の九男義直（当時は義利と名乗っていたが、本稿では義直に統一）と浅野幸長《よしなが》の二女春姫との婚礼が行なわれました。この時、豊臣秀頼は二人の婚礼を祝う書状を送っています。

【釈文】

今度、就御祝言《ごしゅうげんにつき》、以赤座内膳正申候、仍、刀一腰 則重 脇指左文字 并呉服五重 進之候《これをまいらせそうろう》、
聊表佳慶《いささかかけいをひょうす》迄候、恐々謹言、

卯月十二日　秀頼（花押）

尾張宰相（徳川義直）殿

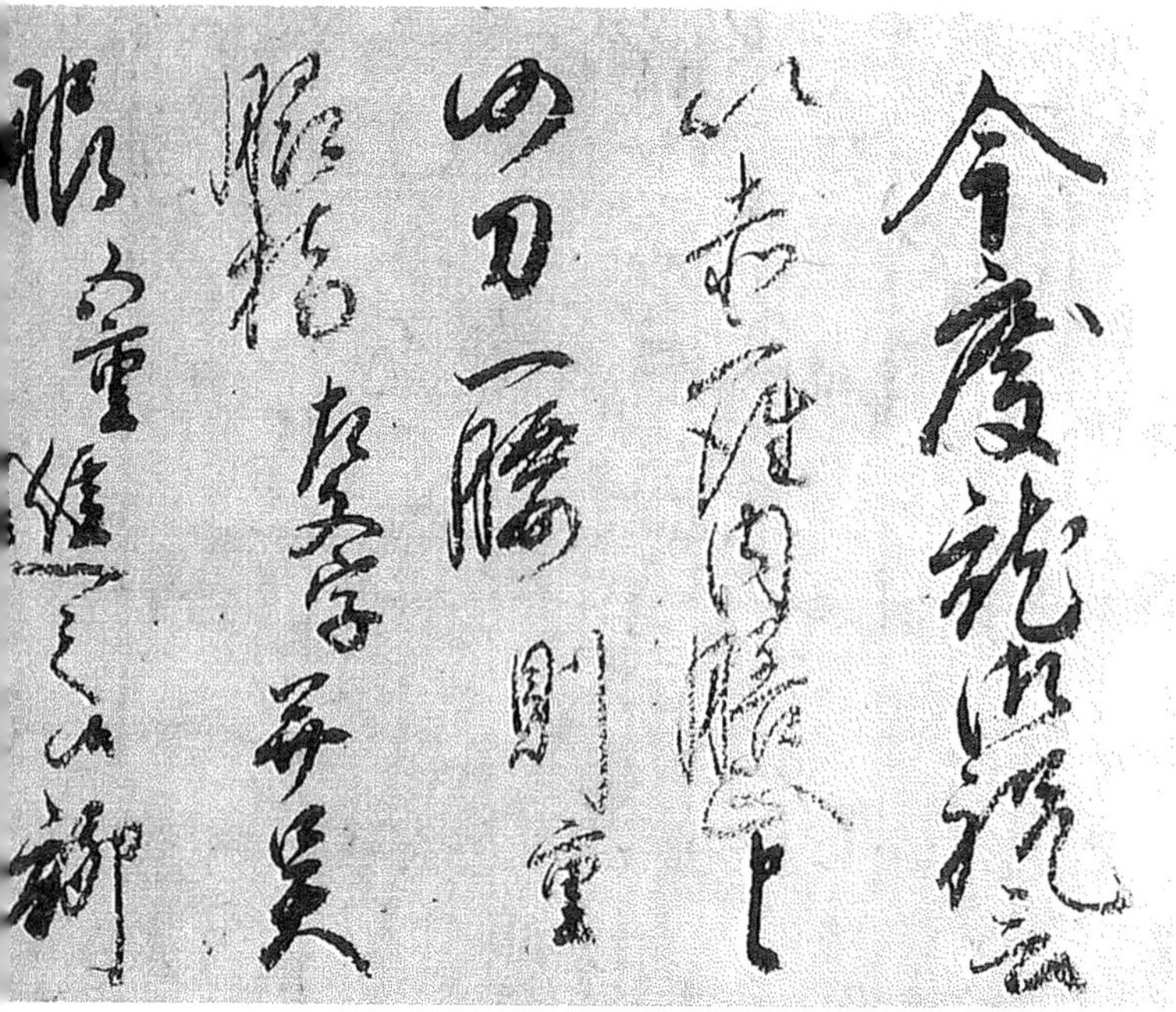

四月十二日付け徳川義直宛豊臣秀頼書状

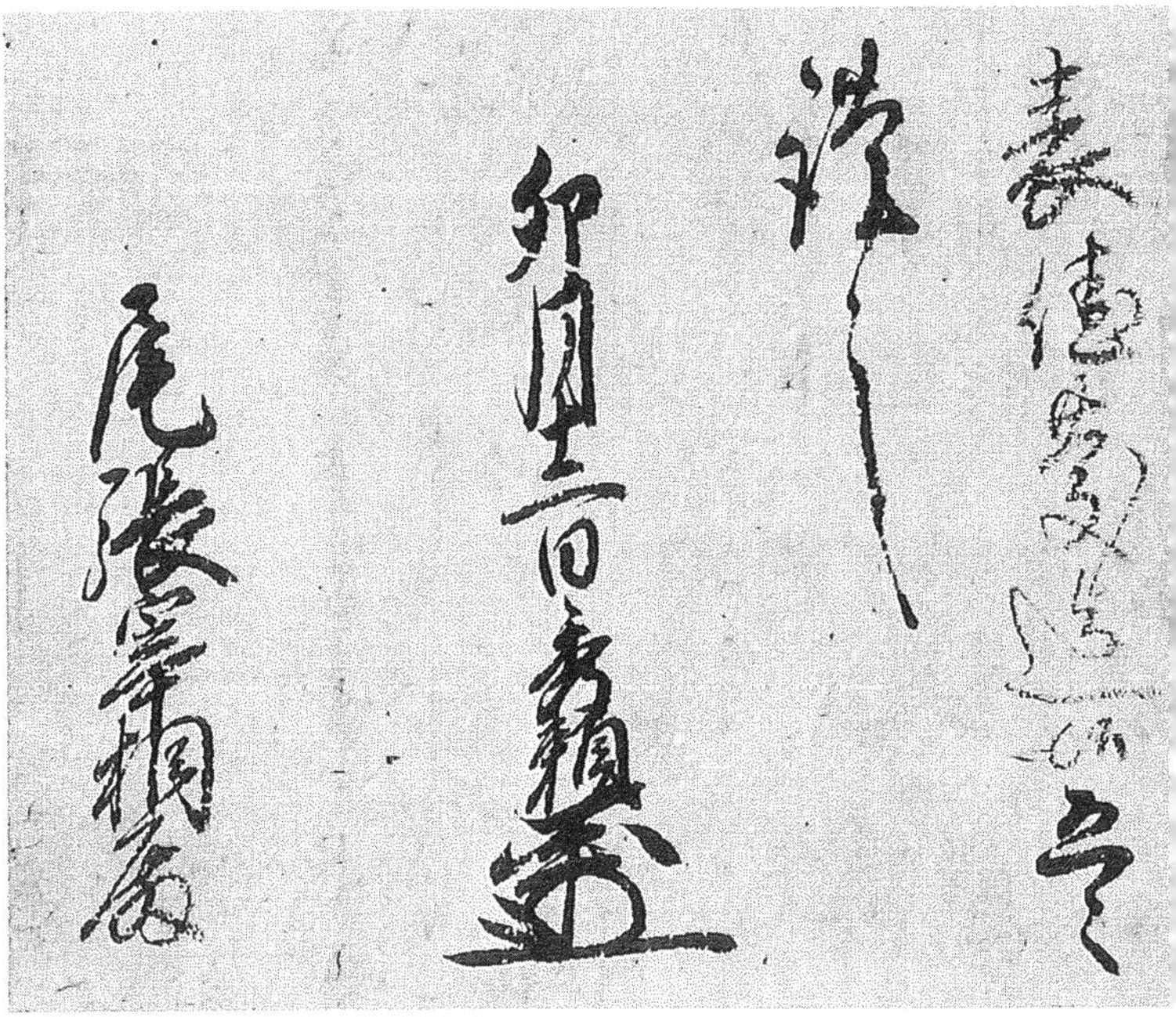
卯月十日　秀頼
尾張宰相殿

（徳川美術館所蔵）

【現代語訳】

このたびの婚礼について、御祝いの言葉を使者の赤座内膳正を通じて申し上げます。御祝いの品として、刀（銘は則重）を一腰、脇差（銘は左文字）、ならびに呉服五重をお贈り致します。ささやかながらお喜びを表します。恐々謹言。

四月十二日　　秀頼（花押）

徳川義直殿

この書状は現在、徳川美術館（愛知県名古屋市東区）に所蔵されています。その大きさは縦二十cm、横五十一・九cmです。豊臣秀頼が発給した文書は、現在百数点ほど確認されており、その多くは黒印状（墨を用いて押印した文書）であることが明らかになっています（三鬼清一郎「豊臣秀吉文書の概要について」〔『名古屋大学文学部研究論集　史学』四四、一九九八年〕）。今回ここで紹介する書状は、秀頼の花押が添えられたものです。短い文言ですが、現存するもののうちでも秀頼の花押を添えた書状は珍しく、大変貴重なものと言えます。花押があること、書止文言が「～候也」といった直書の形式ではなく「恐々謹言」となっていることから、比較的厚礼の書式と言えるでしょう。

内容は、秀頼が家臣の赤座内膳正を使者に立て、「尾張宰相殿」すなわち徳川義直に婚礼の御祝いの気持ちを述べるとともに、名刀の則重、左文字の脇差、呉服五重を贈ったことを記したものです。豊臣方と徳川方との最後の戦いを目前に控えた、緊迫した時期でしたが、そのような中でも秀頼は徳川家に対して丁重に礼節を尽くしていたことが確認できます。

徳川義直は、慶長十一年八月に七歳で元服し、従四位下右兵衛督という官位に任ぜられました。慶長十六年三月、父家康の上洛に同道し、従三位右近衛権中将兼参議に昇進しています。参議の唐名が「宰相」であり、義直は尾張国の領地を安堵されていたので、「尾張宰相」と称していました。なお、義直の弟である頼宣（家康十男、当時は頼将）も同時に従三位右近衛権中将兼参議に昇進しています。二人とも寛永三年（一六二六）八月には従二位権大納言まで昇りつめ、その後、これが両家の極位極官となりました。

さて、浅野家の領地であった紀伊国和歌山を出立した春姫は、桑名から熱田へ渡海し、名古屋城下のメインストリートである本町通りから本丸御殿に輿入れしました。その行列は御供の女中が五十人、馬上の者が四十三人、長持三百棹等々、とても豪華であったと言われています。その様子を、家康は城内のある櫓から見物していたとの記録も残されています。

この時、義直は十六歳、春姫十四歳でした。婚礼の翌日、家康は本丸御殿に渡御し、義直と春姫とともに饗応を催しました。しかしこの時点で、すでに家康は豊臣家との再戦を決意していました。義直へは、事前に婚礼が済み次第出陣するように、と命じていたほどでした。

2　徳川家康の一門創出と婚姻戦略――浅野家と尾張家の場合

浅野家は、豊臣家とは縁の深い家柄です。春姫の祖父浅野長政は豊臣秀吉の正室寧子（高台院）の親族だったことから、政権の中枢に位置する人物でした。豊臣政権末期には五奉行の一人となり、遺子秀頼を支える重責を負っていました。その子幸長（春姫の父）も秀吉に大変可愛がれていたと言われています。

幸長は、長政とともに数々の軍功をあげて甲斐国の支配を任され、奥羽・関東支配の一翼を担っていました。これは当時関東に領地を移された家康の動向を監視する意味合いもありました。このように豊臣政権の中心的役割を果たしていた浅野家が、なぜ家康の息子を当主とする尾張家と縁組することになったのでしょうか。そこには天下を狙う家康の戦略が見え隠れします。

「はじめに」でも述べたように、家康は慶長五年九月、関ヶ原の戦いに勝利しましたが、それはあくまでも豊臣政権内で対立していた石田三成らを謀反人として誅伐する目的で行なわれたものでした。家康に味方した浅野幸長や福島正則など豊臣恩顧の諸将も同様の考えであり、大義名分の上では豊臣家と徳川家の戦いではありませんでした。しかも徳川軍本隊を率いていた嫡男秀忠が真田家の居城、信濃国上田城攻めに手こずって関ヶ原に間に合わず、幸長ら豊臣恩顧の軍勢を主力とした戦いとなったため、家康にとって彼らとの関係を軽視することはできなかったのです。

そこで家康は、関ヶ原の戦いで西軍に属した豊臣恩顧の諸大名に対する大規模な領地没収と、東軍として味方した諸大名への領地安堵を実施しました。まず、石田三成ら八十八名の大名を取り潰し、その所領四百十五万石あまりを没収しました。そして、西軍総大将であった毛利輝元をはじめ、上杉景勝・佐竹義宣《よしのぶ》らを減封し、二百八万石ほど削減しました。また、四十ヶ国二百二十万石ほどあった豊臣家の蔵入地《くらいりち》（直轄領）は、摂津・河内・和泉国を中心に六十五万石に削減されました。こうして没収した領地のうち、約三分の二は、家康に味方した浅野幸長や黒田長政など豊臣恩顧の諸大名への論功行賞にあてられました。幸長は紀伊国和歌山にいて三十七万石で加増転封されています。

注目すべきは、この間に家康が、自分の子女や嫡男秀忠の娘、もしくは譜代大名の娘を養女にして、豊臣恩顧の諸大名との婚姻を積極的に行ない、広範な血縁関係を形成していた点です。九男義直と春姫の縁組も、家康の婚姻戦略の一つでした。十男頼宣も、慶長十四年に加藤清正の息女（瑶林院）と縁組（元和三年正月二十二日に婚姻）しています。その他の事例として、筑前国福岡藩主黒田長政は家康の養女である栄姫（実父は保科正直、家康の姪にあたる）と、加賀の前田利常は家康の孫珠姫（二代将軍秀忠の次女）と、それぞれ婚姻しています。

こうして豊臣恩顧の諸大名との緊密な関係を築くとともに、家康は関東・東海地域を中心に徳川家の勢力基盤の強化を図りました。すなわち、関ヶ原の戦いの勝利で旧領であった三河・遠江・駿河・甲斐・南信濃五ヶ国を回復するとともに、尾張・越前各一国、美濃・北伊勢・近江の一部、および常陸《ひたち》・下野の一部などを領有し、これらの地域に自身の息子や家臣を一門・譜代大名として取り立てたのです。例えば、越前に二男結城秀康《ゆうきひでやす》、尾張には四男松平忠吉《ただよし》をそれぞれ配置するとともに、近江・伊勢に譜代筆頭の井伊直政と本多忠勝を置くなど、大坂城を拠点とする豊臣家の動きを牽制する領国体制を築いていきました。

さて、尾張国には、家康の四男忠吉が死去したため、九男義直が甲斐国から移ることになりました。慶長十三年八月二十五日、家康の指示によって、二代将軍秀忠は義直に尾張の所領を安堵する領知判物を与えています。将軍秀忠が花押を添えて発給した領知判物の文言は、「尾張国一円出置之訖、全可有領知之状如件」というものでした。宛所は「徳川右兵衛督殿」と書かれていて、義直に徳川姓を名乗らせていたことが確認できます。十男頼宣・十一男頼房も同様で、この時点で三人に徳川姓を名乗らせた意義は大きいと言えます。

すなわち、家康は十一人の息子のうち、戦国から織豊期にかけては、長男信康と三男秀忠を除く六名をいずれも養子に出して他家を継がせ、徳川家を支える勢力を形成しました。しかし、関ヶ原の戦いに勝利し、徳川将軍家を頂点とする政権づくりを目指す段階になると、関ヶ原の戦い後に誕生した義直・頼宣・頼房によって徳川姓を持つ新たな直系の家を創出し、将軍家の血脈を支える存在として位置づけようと意図したのです。

義直の早急な尾張への配置は、当時家康が政権の基盤強化においてこの地を重視していたことを示しています。東海道・東山道を押さえた、東国と西国との境界地域となる尾張は、大坂城を中心に、依然一大勢力を保持していた豊臣家を監視・牽制するとともに、徳川将軍家の中心地である江戸を防御する役割を担うための戦略的重要拠点として位置づけられていたのです。

慶長十四年正月、義直は家康に従って尾張国清洲に入りました。義直が尾張に入国したのはこれが初めてでした。豊臣秀頼からは、側近の片桐且元を通じて、入国御祝いとして太刀一腰・白銀百枚が贈られました。また、次の書状が記すように、この時、浅野幸長も清洲を訪れています。

【釈文】（『浅野家文書』一一六号）

去三日之書状、今日十日於江戸相届披見候、今度紀伊守殿清須へ被相越《あいこされ》、仕合能残《しあいよくのこす》
所無之由《ところこれなきよし》、早々被相越、聞届満足候

一、紀伊守殿事、正月十一日和歌山被出、秀頼様、政所様へ年頭之御礼被申上、其方を為

使、清須へ被相越候之処、　御所様為御意《ぎょいとして》、三州岡崎ゟ御飛脚被遣、紀伊守殿去月廿九日清須へ参着、同晩御礼可被申上とて登城被申候処、朔日　還御《かんぎょ》と思召候得共《おぼしめしそうらえども》、四日迄被成御滞留《ごたいりゅうなされ》候て、二日吉日ニ付而御礼可被為請候旨《うけさせらるべきそうろうむね》被　仰出、則二日ニ右兵衛様《うひょうえさま》へ於御広間御礼被申上、仕合残所無之由、目出大慶満足候、其次ニ三左殿ゟ御進物上、又其次ニ其方自分ニも進物上申由、是又尤候、其方と三左殿御使被召出、御盃被下、其方へハ金かい御腰物拝領候由、外聞実儀《がいぶんじつぎ》面目之至共ニ候、

一、御所様へ御書院ニて、紀伊守殿御礼被申上、其方も進物被上、被為加　御詞《おことばくわえさせられ》、忝仕合共之由、何も聞届候、誠紀伊守殿此度之仕合、重々目出大慶不過之候、

一、従　右兵衛様《うひょうえさまより》、紀伊守殿へ御鷹弐居・御馬被下之由目出存候、猶追々吉左右可被申越候、恐々謹言、

二月十日　　弾正

長政（花押）

浅野孫左衛門殿

【現代語訳（本文のみ）】

二月三日付けの書状が今日（十日）届き、江戸に拝見しました。このたび、浅野幸長殿

が尾張国清洲に赴き、何事もなく御挨拶が済んだことを聞き届け満足しています。

一、幸長殿のことについてですが、正月十一日に和歌山を出立し、秀頼様・政所様に年頭の御礼を申し上げたということなので、あなたを使いとして清洲に派遣したところ、家康様の御意を伝えるため三河国岡崎から飛脚を遣わし、幸長殿は同月二十九日清洲に到着しました。その日の晩に御礼を申し上げるために登城したところ、二月朔日に還御されるとのことでしたが、四日まで御滞留され、また二日は吉日なのでその日に御礼を受ける旨、命じられました。そこで二日に御広間で徳川義直様に御礼を申し上げ、滞りなく済んだとのこと、大変めでたく満足しています。その次に池田輝政殿より進物があり、続いてあなたも進物を差し上げたことはもっとものことです。あなたと輝政殿の使者が召し出されて盃を賜り、金塊、御腰物を拝領したことは世間への聞こえも良く面目の至りです。

一、家康様には御書院で幸長殿が御礼を申し上げ、あなたも進物を献上すると、御言葉があり、忝いことと聞き及んでいます。今回の幸長殿の首尾は、重ね重ねこの上なくめでたいことです。

一、義直様からは幸長殿へ御鷹二居と馬が下賜され、めでたく存じます。なお、追々その時の様子を報告しなさい。恐々謹言。

この書状は慶長十四年二月十日付けで、江戸に居た浅野長政が幸長の家臣（傅役）浅野孫左衛門高勝に宛てたものです。和歌山を出立した幸長は、秀頼と秀吉の正室であった高台院（寧子）に拝謁して年頭の御礼を行なった後、尾張清洲に赴きました。そして、二月二日が吉日であったため、この日に家康・義直父子に拝謁したことが確認できます。

関ヶ原の戦い後、家康は諸大名に対して秀頼に年賀の礼を行なうように命じ、自身も大坂に下って臣下の礼をとっていました。ところが、慶長八年二月に征夷大将軍に任ぜられると、家康は秀頼への御礼を行なわなくなりました。これに伴い、諸大名の御礼は家康に対してのみとなり、秀頼への年頭御礼は徐々に姿を消すことになりました。ただしこの時、幸長は秀頼への年頭御礼を行なってから清洲に赴き、家康に拝謁しています。引き続き親族として豊臣家との関係も重視していたことが窺えます。

豊臣家の関係を維持しつつも、この時期の浅野家にとっては、徳川家との良好な関係を構築することも重要でした。和歌山を出立する頃、幸長は「義直様が思いのほか早く尾張に入国したので、急いで御祝いを申し上げなければならない」と孫左衛門にしたためています（「清光公済美録」巻之九）。この時、幸長が家康・義直父子への拝謁にこだわったのは、春姫と義直の縁組が内定していたことが背景にあります。春姫が義直に嫁いだ時、すでに父幸長はこの世にいませんでしたが、両家の縁組はすでに慶長十三年には決まっていました。この年の四月、縁組の成立により幸長は父長政とともに駿府に赴き、家康に拝謁していることが確認できます（浅野長政差出辻藤兵衛宛書状「清光公済美録」巻之八）。この縁組は豊臣恩顧の大名を味方につける家康の戦略でしたが、浅野家にとっても駿府を拠点に大御所として全国統治を本格化させていた家康と縁続きになることは有益と判断していたのです。

この判断は実際に浅野家の存続において功を奏しました。浅野家では幸長が慶長十八年八月に死去すると、嗣子がいなかったため家督相続をめぐって対立が生じました。幸長の遺言を尊重して次弟長晟が藩主となりましたが、末弟長重を擁立した勢力がいたため、藩内は不安定な状態でした。そこで長晟は家康との姻戚関係を強化し、これを後ろ盾にして家臣の統制を図りました。約束通り、春姫と義直の婚礼を行なうとともに、長晟自身も元和二年（一六一六）に家康の三女振姫と婚姻しました。

義直の初めての尾張入国の際、家康は拠点を清洲から名古屋に遷すことを決定し、慶長十五年正月に浅野幸長をはじめ豊臣恩顧の大名二十家に対して築城を命じました。このいわゆる「天下普請」によって、名古屋城は同十七年十二月にわずか二年で完成しました。豊臣恩顧の諸大名を動員して完成した名古屋城は、大坂城の豊臣家に対する軍事拠点として機能していくことになります。

3　二条城の会見――秀頼と家康の息子たち

豊臣家と徳川家の関係が大きく変化していく契機となったのが、慶長十六年三月に行なわれた秀頼と家康の二条城での会見です。家康が上洛したのは後陽成《ごようぜい》天皇の譲位と後水尾《ごみずのお》天皇の即位礼を挙行するためでした。この時、家康は秀頼との対面を申し入れ、上洛を要請しています。朝廷は秀頼による関白武家政権の復活を念頭に、関ヶ原の戦い後も豊臣家を厚遇していました。秀頼への年頭の御礼では勅許（天皇の許可）を得た多くの公家・門跡衆が毎年大坂に下向するほどでした。しかし家康に対しては、京都に居る場合以外に御礼はほとんど行なわれませんでした。また、家康・秀忠が年頭の使者を朝廷に派遣した場合でも答礼の勅使が下向することはほとんどありませんでした。天皇・朝廷と豊臣家との強い結びつきを断ち切ることが、家康の朝廷政策の課題であり、後陽成天皇の譲位、後水尾天皇の即位を家康が差配し、秀頼を上洛させることはその課題を克服する戦略の一つであったと言えます。

家康が秀頼に上洛を要請したのはこれが初めてではありませんでした。家康は将軍となって二年後の慶長十年四月に十万の軍勢を率いて上洛し、将軍職を嫡男の秀忠に譲りました。その際に秀忠の将軍宣下を祝うために秀頼に上京を促したのです。豊臣家にとっては、家康が将軍となって間もない慶長八年七月に、秀吉の存命中に決定していた秀頼と家康の孫娘千姫（秀忠長女）との婚姻が約束通り執り行なわれたことにより、両家の関係に改善の兆しが見られる中、いずれ秀頼が関白となり、家康から再び政権が委譲されると考えていた矢先の衝撃的な出来事でした。これにより、将軍職を秀忠に譲った家康は大御所として駿府に居所を構え、将軍秀忠は江戸城を拠点とする二元政治体制が形成されました。秀忠の将軍政治は幕府の基盤づくりを目的とし、駿府では家康による全国統治が本格化したのです。

秀忠の将軍宣下の際には、秀頼の生母淀が上洛を断固拒否したため、将軍秀忠の名代として松平忠輝（家康の六男）が秀頼に挨拶に赴くことで事態の収拾が図られました。そこで今回の上洛要請に対しても生母淀は難色を示しましたが、豊臣家と徳川家との平和的な関係の維持を第一に考えていた浅野幸長・加藤清正・片桐且元らの説得により、ついに秀頼は上洛し、二条城で家康と会見することになりました。

慶長十六年三月六日、家康は九男義直、十男頼宣を御供に駿府を出発し、十七日に二条城に入りました。会見は三月二十八日に行なわれました。『義演准后日記』はこの時の様子を「三月廿八日、快晴、秀頼公御上洛、御七歳ノ時、伏見ヨリ大坂へ御移徙已後、今日初也、鳥羽マテ大御所ノ若公両人御迎、其外大名罷出、歴々群集、近代ノ見物云々、御城へ入御、重畳御振舞御機嫌云々、一時計アリテ御城御出（以下略）」と記しています。快晴となったこの日、秀頼が大坂城を出て上洛するのは、七歳の時に秀吉の死去により伏見城から大坂城に移って以来十二年ぶりのことで、鳥羽では「大御所ノ若公両人」、つまり義直と頼宣が一行を出迎えたとあります。『慶長見聞録案紙』という史料によると、秀頼に万一のことがないよう、片桐且元・織田有楽（信長の弟）・大野治長等が御供し、二人の出迎えを受けた時、義直には秀頼に随行していた浅野幸長、頼宣には加藤清正がそれぞれ介添えとして控えました。また、池田輝政や藤堂高虎など豊臣恩顧の諸大名も出迎えました。出迎えた義直・頼宣と秀頼に随行した浅野幸長・加藤清正、一見徳川家と豊臣家、それぞれの立場で従者を務めているようですが、家康の主導により、すでにお互いの家同士で縁組が成立していたことは注目すべきところです。

二条城に到着した秀頼を家康は丁重に出迎え、城内最高の格式を持つ「御成之間」に通しました。ここで家康は対等の立場で御礼を行なうことを提案しましたが、秀頼は遠慮して家康に拝礼したと言われています（笠谷和比古氏前掲書）。続いて家康の饗応を受け、義直・頼宣も相伴しました。この時、高台院も秀頼に対面しています。饗応を終えると秀頼は豊国社への参詣などを済ませたのち、大坂城に戻りました。その際、三条までは義直・頼宣が一行を見送りました。

四月二日、家康は会見の答礼として義直と頼宣を名代として大坂城に遣わしました。秀頼は二人をねぎらうために饗応を催しました。そして翌日、義直に刀（銘は貞宗）一腰・脇差（銘は吉光）一腰・小袖・羽織の他、鼓を好んでいたことを知り、「苅田蒔絵小鼓《かりたまきえこづつみ》」を贈りました。頼宣へは好みの笛を贈っています。秀頼が義直に下賜した「苅田蒔絵小鼓」は室町時代に製作された名物で、現在は徳川美術館に所蔵されています。

二条城の会見時の送迎、および大坂城における秀頼と義直・頼宣とのやりとりは豊臣家と徳川家との交流が家族として深まっていくきっかけになるかのような印象を与えます。当時の京都の人々も二条城の会見が無事に行なわれたことで両家の政治的緊張がなくなったと判断していました。豊臣恩顧の諸大名もこれで豊臣家の存続が保障されたと安堵の雰囲気が漂っていました。しかし、家康は秀頼が臣下の礼をとり、徳川家の優位が確定したと位置づけて、このことを朝廷や諸大名にアピールしていきます。つまり、秀頼に対して二人の息子にとらせた行動は、家康の「演出」に過ぎなかったと言えるでしょう。それは、家康の次の一手からも窺えます。

4　三ヶ条の誓詞と豊臣秀頼

慶長十六年四月十二日に後水尾天皇が即位しましたが、家康は上洛していた諸大名に対して、三ヶ条の条々を提示して誓約させせました。その内容は次の通りです。

【現代語訳】（『新訂　徳川家康文書の研究』下巻之一、六六二頁）

一、鎌倉幕府を開いた将軍源頼朝以後、代々の将軍家が定めてきた法式を奉じ、江戸の将軍秀忠の法度を堅く守ること。

一、法度に背いたり上意を違えたりしたものは、それぞれの国で隠しておいてはならないこと。

一、それぞれ抱え置く侍が、もし反逆・殺害人であることが告げられた場合、互いにその者を召し抱えないこと。

右の条々にもし違反した場合は、糾明のうえ、厳重の法度に処せられるものである。

この誓詞には在京していた二十二名の北国・西国の主力大名が署名しました。浅野幸長・加藤清正・福島正則をはじめとする豊臣恩顧の諸大名も含まれています。翌年正月には江戸城の普請などで在京していなかった伊達政宗・上杉景勝・蒲生秀行など東国の諸大名十一名が同様の誓書を提出しています。さらに関東や甲信越の中小の諸大名五十人も誓詞に署名しました。なお、この誓詞はのちに徳川将軍家によって制定される武家諸法度の基になるものでした。

これでほぼすべての大名が徳川家への臣従を誓ったことになります。二条城の会見、後水尾天皇の即位、三ヶ条の誓詞提出によって徳川家による政権基盤が確立に向けて強化されたと言えます。鎌倉幕府の将軍源頼朝を淵源とする源氏将軍徳川秀忠のもとに諸大名を編成したのです。しかし豊臣秀頼はこの誓詞に署名していません。秀頼は徳川将軍体制下に編成されない別格として位置づけられたのです。ただし、徳川一門でも越前福井藩主の松平忠直以外は署名していません。徳川義直・頼宣も同様です。そうした視点から検討していると、この時点において表向きは、豊臣家を徳川一門に並ぶ親族の一つとして特別に扱った家康の配慮だったのでしょうか。それとも初めから、徳川将軍体制下から豊臣家を排除するという意志の現れだったのでしょうか。いずれにしても徳川政権の樹立を目指した家康は、軍事行動によって豊臣家との関係に決着をつけることにしたのです。

5　大坂の陣――秀頼の最期

家康にとっては、豊臣家への軍事行動を開始する大義名分をどうするかということが課題となっていました。その契機となったのが有名な方広寺《ほうこうじ》鐘銘《しょうめい》事件です。この間家康は、秀頼に神社・仏閣の再建・修復を勧めていました。大坂城に蓄積された金銀を消耗させる狙いがあったからです。その中の一つに方広寺も含まれていました。方広寺は秀吉が建立したもので、慶長元年の大地震で倒壊しましたが、家康の勧めもあって秀頼は慶長十五年から再建に着手していました。

慶長十九年八月、方広寺大仏の開眼供養が行なわれることになりましたが、突然家康は供養の延期を命じました。徳川家側は、大仏の鐘銘に「国家安康《こっかあんこう》」「君臣豊楽《くんしんほうらく》　子孫殷昌《しそんいんしょう》」とあり、これは家康の名前を引き裂いて徳川家を呪詛《じゅそ》し、豊臣を君として、子孫の殷昌を楽しむことを意図して書かれたものだと主張したのです。

豊臣家は秀頼の側近片桐且元を家康の居所駿府に遣わしました。且元は豊臣家と徳川家との平和の維持に努めました。且元は秀頼の大坂からの国替え、秀頼および淀の江戸詰などの妥協案を進言しましたが、かえって徳川家との内通を疑われ、居城の摂津国茨木《いばらき》城に引きこもり、両家の交渉は打ち切りとなりました（曽根勇二『片桐且元』吉川弘文館、二〇〇一年）。そして慶長十九年十月一日、豊臣家との開戦を決意した家康は、諸大名に出陣命令を出し、自ら総大将となって大坂に向かいました。九男義直も十月四日に駿府を出発して七日に名古屋城に入り、十六日には軍勢を率いて出陣しました。

家康は二十万とも三十万ともいわれる諸大名の軍勢を率いて大坂城の四方を包囲しました。息子の義直と頼宣の軍勢は、戦況に応じて住吉、天王寺、茶臼山と陣を移していく際に、常に家康に同行し、御側に在陣していました。各所で激戦が繰り広げられる中、難攻不落と言われた名城はなかなか落ちませんでした（大坂冬の陣）。そこで家康は、一旦講和を申し入れることにしました。交渉は難航しましたが、大坂城の惣構や外堀の埋め立てなどを条件に講和が成立しました。ところが、徳川方は約束に反して城の内堀までも埋め尽くす有様でした。一方、これに対抗して豊臣方も兵糧を城中に入れ、浪人を募るなど不穏な動きを見せていました。

事態打開のため、慶長二十年三月十三日、秀頼の使者として青木一重、淀の使者として常光院（淀の妹初）二位局・大蔵卿・正永尼がそれぞれ駿府に下向しました。後年の記録ですが、『源敬様御代御記録』（源敬は義直の諡号《しごう》）には、この時、家康は義直と春姫の婚礼のため、使者への返答は尾張で行なうと申し渡したと記されています。そして家康は四月四日に駿府を出発し、九日には義直が出迎える中、名古屋に到着しました。その際、約束通り豊臣家の使者の拝謁を受けましたが、家康は、大坂がいまだ騒がしいことに不快であると述べ、婚礼前日に常光院と二位局に大坂への帰参を命じるとともに、大蔵卿や青木一重などへは「婚礼後上洛するのでそこで待つように」と指示しました。秀頼は義直と春姫の婚儀を祝う平和的な使者を派遣して礼節を尽くす姿勢を示す一方、軍事的緊張の高まる中、瀬戸際の折衝を展開していたことになります。家康は、あらためて秀頼の大坂からの国替えか、浪人の追放を要求しましたが、豊臣方は拒否の姿勢を貫きました。そこで家康は再戦を決意し、諸大名に出陣を命じました。義直にも婚礼後出陣するように命じていたことは先ほど述べたとおりです。

これに対して豊臣方は、徳川方を迎撃する前に、紀伊国和歌山城主浅野長晟の軍勢を襲撃する作戦に出ました。浅野家の領民を扇動して、長晟の出陣後に大坂と和歌山から挟み撃ちする計画でした（曽根勇二氏前掲書）。これには豊臣家の援軍要請を縁の深い浅野家が拒絶したという背景がありました。家康の戦略により尾張家と血縁関係になった今、浅野家は徳川方を選択したのです。それは次の書状からも窺えます。

【釈文】（「山内家記録」東京大学史料編纂所所蔵）

尚以、はや何方罷出候間《まかりいでそうろうあいだ》、何方へ御出可有《おいであるべし》と二日三日宛前方ゟ切々御注進
可被仰上《おおせあげらるべく》候、以上、

急度申入候、仍而《よって》大御所様、今月十七日八日ニ御京着被成《なされ》候、将軍様同月廿四日、五日ニ
御上着被成候間、御人数被召連《めしつれられ》、紀伊国地へ早々御渡海候而、浅野但馬守（長晟）殿御相談被成、
何方へ御出可有と御左右可被仰上候、将又《はたまた》海辺之衆へハ何も御扶持銀子ニ而渡り
可申候間《もうすべくそうろうあいだ》、其心得被成、御兵粮之御用意被成御尤候、恐々謹言、

卯月十四日

本多上野介
正純
成瀬隼人正
正成

松平土佐守《山内忠義》殿

【現代語訳（本文のみ）】

しかと申し伝えます。家康様は四月十七日か十八日に上洛する予定です。秀忠様は今月二十四日か二十五日に到着する予定なので、軍勢を率いて早急に紀伊国に渡海し、浅野長晟殿とご相談の上、どのように進軍するか報告しなさい。また、海上の軍勢には扶持を銀子で支給するので、その心得をもって兵糧米の用意することが肝要です。恐々謹言。

（追伸）

なお、いつ頃までに出陣し、どこへ行軍するか、二、三日ごとに前方より逐一報告しなさい。以上。

これは慶長二十年四月十四日付けで家康付きの年寄本多正純と成瀬正成が、土佐藩主の山内忠義に出陣を命じた時の書状です。ちなみに成瀬正成は家康の命で尾張家の付家老となり、当主義直の補佐する役割も担っていました。

この書状の注目すべきところは、将軍秀忠が四月二十四日か二十五日に上洛する予定なので（実際は二十二日に二条城に入っています）、それまでに紀伊国で浅野長晟と合流し、長晟と相談のうえ進軍するように命じている点です。この時、長晟は山内忠義の他、池田利隆（播磨国姫路）・池田忠雄（淡路国由良）・加藤明成（伊予国松山城主加藤嘉明嫡男）・生駒正俊（讃岐国高松）・蜂須賀至鎮（阿波国徳島）に、「家康の命令によって発給された本多正純・成瀬正成連署の陣触れは私からお届けします」という内容の書状を送っています（「自得公済美録　巻八下ノ二」）。つまり長晟は、中国・四国諸大名の軍勢を統括する徳川方の主力となっていたのです。義直の尾張国名古屋と春姫の叔父長晟の紀伊国は秀頼を挟撃する拠点として機能していたことがわかります。

浅野長晟の軍勢は四月二十九日、樫井（現・大阪府泉南郡田尻町）で豊臣方を迎え撃ち、これを撃退しました。大坂夏の陣のはじまりです。この時、家康は長晟の軍功を称える感状（黒印状）を与えています（『浅野家文書』一一八号）。その後も本丸を残すのみとなった大坂城での籠城戦が不可能となった豊臣方は野戦を仕掛けました。しかし、真田幸村の奮戦などがあったものの相次いで敗退しました。そして五月七日、大坂城は火の海となり、ついに落城しました。

福田千鶴氏は、関ヶ原の戦いが終わった翌年（慶長六年）四月に陸奥国仙台の有力大名伊達政宗が茶人今井宗薫に宛てた書状を紹介しています。そこには「このまま大坂に秀頼がいれば遠からず秀頼を担ぐ牢人が謀反をおこし、そのため秀頼が腹を切るような事態になりかねない」と書かれていました。乱世を乗り越えてきた政宗の予想通りになってしまったのです（『淀殿――われ太閤の妻となりて』ミネルヴァ書房、二〇〇七年）。

梵舜の日記『舜旧記』の五月八日条には、「至巳刻大坂城落、秀頼公・同御袋、其外女中廿人計自害之由也、打死衆二万計之由也、不可勝計義也、駿河之大御所様夜半過ニ京都二条之御城還御也、其夜以外雨降」と記録されています。この日、秀頼と生母淀は城内の山里曲輪で自害して果てました。この時、二十名ほどの女中たちも自害したとあります。討ち死にした者も二万人にのぼりました。家康はこの日の夜半過ぎ二条城に戻りましたが、京の都では秀頼の死を悼むかのように激しい雨が降り続いていました。

おわりに

関ヶ原の戦い後、徳川家康は豊臣政権の大老という立場からの脱却を図り、徳川政権の樹立にむけて基盤づくりを進めました。その過程において豊臣恩顧の諸大名を懐柔し、徳川将軍体制のもとに編成していくことが重要な課題でした。豊臣恩顧の有力大名と血縁関係を形成することはその課題を克服する戦略の一つでした。本章で検討した徳川義直と春姫の婚礼も、その前後の浅野家と尾張家の動向を含めて検討してみると、豊臣家と徳川家の関係が変化する中、当時の政治情勢と深く関わっていたことが確認できたかと思います。豊臣恩顧の諸大名にとってても秀吉との主従関係がなくなったことから、新たな体制づくりの中心である家康との主従関係を結んで家の存続を図る選択をしたと言えます。

しかし、これらの諸大名も豊臣家の存続を願っていました。豊臣家と徳川家との平和的な関係の維持を第一に考えていたのです。先ほど福田氏によって紹介された伊達政宗の書状についいて触れましたが、そこには「秀頼がたとえ太閤（秀吉）の子であっても、それだけで天下を取り仕切る人物にはなれない。家康の後見を得て成人したあかつきにはその器量を見極めてもらい、国の二、三ヶ国、あるいはそれより少なくても相応の待遇を得られれば良い」と述べています（福田氏前掲書）。これは豊臣恩顧の諸大名共通の想いであったでしょう。こうしたことから家康も豊臣秀頼の存在を決して軽視することはできませんでした。二条城の会見をめぐる秀頼と義直・頼宣の関係は家康の「演出」で、本心は別のところにあったと思われますが、それでも両家の平和的な関係を示し、豊臣恩顧の諸大名に配慮した姿勢を見せたのです。秀頼による関白武家政権の復活を否定し、徳川将軍体制を確立するため、最終的には大坂の陣によって豊臣家を討伐しましたが、軍事行動に至るまでには婚姻政策など段階的な戦略が不可欠だったのです。

第九章　毛利輝元と大坂の陣

堀　智博

はじめに

慶長十九年（一六一四）九月二十三日。方広寺《ほうこうじ》鐘銘問題を契機として、徳川家康との戦争気運の高まりゆく最中、豊臣秀頼は九州大名の島津家久に向けて、ひそかに参戦を促す書状をしたためました。

この秀頼書状については、のちに家久が自身の潔白を証明するべく徳川方に提出したため、原本こそ失われていますが、写しが『薩藩旧記雑録』に収録されて現代に伝わっています。二通に渡る長文で、「家康からの要求は到底承服できるものではなく、家康との間柄はもはやこれまでです。こうなっては家久だけが心から頼みであるので、早々に上洛しなさい」と、切々と訴えています（『薩藩旧記雑録』一一七一・一一七二号）。

注目すべきは、この秀頼書状には側近の大野治長《おおのはるなが》による副状が存在し、その中に「秀頼様御自筆ニ而御座候」との文言のあることです（『薩藩旧記雑録』一一七三号）。というのも、島津家文書中には、写しも含めて秀頼からの書状は複数伝来していますが、いずれも右筆の手によるもので、その内容も、歳暮・端午・八朔など節季関連の簡単な挨拶状ばかりでした。つまり秀頼が自筆で、かつこれほどの長文を書くのは、これが初めてのことだったのです。

このことから、秀頼が当時どれほど島津家の参戦を心待ちにしていたのかが知れましょう。秀頼としては、関ヶ原の戦いで家康と対峙した島津家に、特に心を寄せていたのです。ところが、約一ヶ月後に出された家久からの返書には、「太閤様への御奉公は、関ヶ原の戦いで最早終えました。一方、家康様に対しては、父義弘が関ヶ原で刃向ったにもかかわらず、その後も島津家を厚く取り立ててくれた御恩があるので、背くことなどけっしてありません」とあり、秀頼の期待に反して大変つれないものでした（『薩藩旧記雑録』一二八一号）。

秀頼方では、島津家に限らず全国の有力大名に、かつて父の秀吉が懇意にしていたことをよしみに、このような必死の説得を試みましたが、召募に応じる者はありませんでした。諸大名たちにとっては、いくら旧恩があるとはいえ、天下人として揺るがぬ地位にあった家康と、わざわざ手切りしてまで秀頼に味方するという選択肢はあり得なかったことでしょう。

ところが、この秀頼からの参戦要請に、ただ一人受諾した者がいたといわれています。その人物こそ、本章で取り上げる毛利輝元です。

よく知られているように、輝元は戦国大名として名を馳せた毛利元就の孫で、秀吉在世時には、五大老の一人として政権の中枢を担った人物です。そのために輝元は、臨終間際の秀吉から、他の年寄たちと共に、嫡子秀頼の輔弼を誓約させられていました。

この点を重視した渡邊世祐氏は、輝元が特に情義に厚い人柄であったために、たとえ天下の趨勢が豊臣家に向いていなくとも、秀頼からの懇願を、どうしても見捨てることが出来なかったものと推測しています。その上で、一族の毛利秀就（輝元の嫡子）・秀元（輝元の従弟）と謀り、毛利家重臣でまた姻戚関係にもある内藤元盛を「佐野道可」と改名させ（以降は「佐野道可」で名称を統一）、軍資金と兵員を与え、秘密裏に大坂城に籠城させたのだと主張しました（三郷伝編纂所編『毛利輝元卿伝』マツノ書店、一九八二年、初出は一九四四年）。

輝元の行動の真意を、渡邊氏のように秀頼に対する同情の発露と見るか、はたまた豊臣方が勝利する場合にも備えた狡猾な駆け引きとみるかは論者により違いがありますが、現在では、輝元による「佐野道可」の派兵を事実とする見方が有力です*。

しかしながら、たとえ戦時中に家康の寿命が尽きても、豊臣方が逆転勝利すると判断し得る状況にはありませんでしたし、また、もし万が一でもこの件が徳川方に露見すれば、毛利家の取り潰しもありえました。そのような危険な企てを、本当に輝元は画策したのでしょうか。

実はこれまでにも、輝元の派兵を否定する見解がなかったわけではありません。中でも辻達也氏は、輝元がそのような甘い形勢判断をするわけがないと断じた上で、論拠となっている史料が、いずれも家譜類などの編纂史料であることに着目し、後世に事件が大幅に脚色された可能性を指摘しました（『日本の歴史13　江戸開府』中央公論社、一九六九年）。辻氏の指摘は、これまでの論者が依拠してきた史料の信憑性を問題にした点で、研究史上意義あるものですが、一般書という性格上、詳細な追及は行なっていません。

そこで本章では辻氏の見解を継承して、まず論拠となっている史料二点について、それぞれ同時代史料と照らし合わせることで再検討を施し、輝元による「佐野道可」派兵の真偽を改めて検証します。その上で、どのような心境で輝元が大坂の陣に臨んだのか考察したいと思います。

＊その他「佐野道可」に触れた研究として、脇正典「萩藩成立期における両川体制について」（藤野保先生還暦記念会編『近世日本の政治と外交』雄山閣、一九九三年）、木島孝之『城郭の縄張り構造と大名権力』（九州大学出版会、二〇〇一年）、光成準治『関ヶ原前夜――西軍大名たちの戦い』（ＮＨＫブックス、二〇〇九年）等がある。

1　「佐野道可」の実像

「佐野道可」派兵説の論拠の一つとなっているのは、輝元が大坂の陣の直前に道可に与えたとされる起請文です（『萩藩閥閲録』巻二十八、内藤孫左衛門文書）。

【史料①釈文】（年次未詳、氏名不明起請文写）

今度宍戸備州（元続）を以申頼儀、則分別ニ而可被罷上《まかりのぼらるべき》之通神妙、生々世々難忘《わすれがたく》令満悦《まんえつせしめ》候、就夫《それにつき》兼約之段少々相違有間敷候、品々儀者別紙ニ備州方江申入候事、

一、内藤孫兵衛（元珍）兄弟共迄、本家之儀者不及言、見捨間敷候随分取立候而、我等心指ニは当家代々報恩情召遣可申《おんじょうにむくいめしつかいもうすべく》候、気遣有間敷事、

一、於摂州如何様之儀候共、互ニ申通間敷候、城中之儀首尾可然様《しかるべきよう》、何分ニも心遣弥以《いよいよもって》頼入候事、

右於偽ニ者

ここでは大まかに、宍戸備州を介して、①道可の大坂入城に対する見返りの順守、②道可の

子供達にとどまらず、子々孫々にわたる十分な生活と安全の保障、③大坂の戦場では互いに一切連絡を取り交わさないこと、の三点を誓約しています。なお、宍戸備州とは、道可の実兄の宍戸元続のことです。

この起請文は、道可から数えて五代目にあたる内藤元貞が、享保五年（一七二〇）頃に毛利家に提出した写しです。当時、長州藩では修史編纂事業にともない、家臣たちに対し、家の由緒に関わる古文書の提出を求めていました。

この起請文の原本は存在しません。このことに関して元貞は、「この誓詞については、私の父である又七（隆昌）の代まで所持していましたが、父は、将来紛失して外部に漏れてしまったら毛利家にとって一大事であると考え、火にくべてしまいました。ただし輝元様が自筆で書いたこの誓詞は模造し、私に残してくれました。この文書はその写しになります」と説明しています。

しかし、大坂の陣の直後ならまだしも、ずいぶんと年月の経過した段階で、情報漏洩を防ぐために文書を燃やしてしまうというのは、いかにも不自然です。また、内藤家は道可の件を罪に問われ、一度は断絶しますが、隆昌が当主の時に「先祖忠義」が認められ、再興が許されています。辻氏の見解を敷衍すれば、この隆昌こそが、内藤家存立の一助となるような、「先祖忠義」の起請文を創作したということになるでしょう。

もちろん予断をもって結論を出すのは差し控えなければなりませんが、実際、当該起請文には、例えば臣下であるはずの道可の行動に、「被罷上」のように敬語が使用されるなど、不審な点が目に付きます。

輝元と道可の関係は、起請文の記す通り、御家の一大事を託すほど本当に密接だったのでしょうか。そもそも、道可の毛利家中における役割について、重臣であったという指摘以外、具体的な検討はほとんど行なわれてきませんでした。そこで、従来の研究文献等では紹介されていない、新たな史料を検討する中で、「佐野道可」の実像に迫りたいと思います。

【史料②釈文】（元和元年七月二十日付け内藤孫兵衛・粟屋図書書状案文）

謹致言上候、佐野道可大坂江罷籠、落人と成、切腹仕、其上妻子為御究被召上候ニ付而之

条々

一、彼道可輝元蒙勘気《かんきをこうむり》、御日から扶持をも被放之《これをはなたる》、大坂之木津之屋敷を拘致、上下兎角として終ニ輝元分国之住居難成、在京仕、今度石山籠申候段、子共於身上努々《ゆめゆめ》不存候、親子ニてハ候へ共、不和之立柄輝元家中之者各存知仕候事、

一、親子不和之子細者、孫兵衛祖父内藤隆春娘を持、男子依無之、私母ニ家を譲与、彼道可若輩之時入聟ニ誓約して子共私兄弟三人儲候、然処ニ、彼道可私母ニうとミ、姑之

隆春構不儀、伜家之者共無罪を伐、放逸一ツならさる故、隆春と私母此次第を輝元ニ申達、奉行中批判、其上小早川隆景・毛利元清など迄も被聞届《ききとどけられ》候、彼道可内藤家を追放候事天正十七年、其以来至当年廿七ヶ年別居仕候、私母をも今度被召上せ候之上ニ先年之分目申上候、私者隆春手筋之家相続仕候故、母と致同家、依之《これにより》、道可と雖為親子《おやこたるといえども》、最前面目を失せ、家を追放候母と一味之趣ニ付、不和合之事、

一、右兄弟三人孫兵衛者母本家相続、次男図書ハ幼少之時ヨリ松平長門守内粟屋次郎右衛門と申者養子ニ罷成、彼家連続、妹者福原内匠相嫁、此外当門別腹之妻子東西を弁さる女・童と申捨置候者共之所をも被成御尋《おたずねなされ》、被聞召上《きこしめしあげられ》候様ニ御奉頼存候、以上

松平長門守内

七月廿日　　内藤孫兵衛（元珍）

粟屋図書（元豊）

福原越後守（広俊）とのへ

右三分之次第対福原越後出状案文

本文書は「佐野道可一件」に含まれる、一通の案文です（山口県文書館所蔵：毛利家文庫5家臣39*）。差出は内藤元珍と粟屋元豊で、本文中にもあるように、二人は「佐野道可」の実子です。

弟の元豊は、粟屋家に養子に出されていました。

作成年代は、元和元年（一六一五）と確定できます。その手がかりとなるのは、本文中に繰り返し出てくる「御召上」という文言です。慶長二十年五月二十一日に道可が切腹したあと、父の大坂籠城への関与が疑われた内藤・粟屋両名は同年七月五日に上洛し、家康から直接取り調べを受けることになりました（『萩藩閥閲録』巻二十八、内藤孫左衛門文書）。「御召上」とはこのことを指しています。

宛所は毛利家重臣の福原広俊です。先行研究を参照すると、広俊は、聞次役（対徳川氏・対幕府交渉の毛利氏側窓口）を務めていたことが指摘されています。実際、「佐野道可一件」収録の文書を通覧すると、道可の妻子の処分をめぐっても、広俊は一貫して幕閣との交渉を担っていることが確認できます。このことから本文書は、広俊を介して最終的に幕府側に提出するために作成されたものと考えられます。そのために案文だけが毛利家に伝わっているのでしょう。

それでは、内容の検討に移ります。本文書は、内藤・粟屋両名が、自分たちが父道可の大坂籠城とは無関係であることと、その理由を上申したものです。

まず第一条では、道可は輝元の勘気を蒙り、領内を追放されていたと述べています。親子の不和は、家中では周知の事柄であるとも語っています。

続く第二条では、道可追放の経緯を詳細に説明しています。道可は、内藤隆春に嗣子がなかったために、若輩ながら婿養子として内藤家に迎えられたとのことです。

道可の出自は、毛利一門衆の宍戸家です。また、婿入り先の内藤家は、代々長門国守護代を務める家柄でした。道可がいつ内藤家に婿入りしたのか、確かな年次はわかりませんが、天正九年（一五八一）前後と比定される道可のしたためた起請文の内容から、この頃にはすでに内藤家を継いでいたようです（『萩藩閥閲録』巻九十九　内藤小源太文書）。この点については後述します。なお、この起請文が道可の史料上の初見であり、永禄九年（一五六六）生まれの道可は当時十六歳で、確かに「若輩」であったといえるでしょう。

内藤家へ婿入りした道可でしたが、当主としての政務は、しばらくは養父隆春が務めていたようです。しかし、天正十二年（一五八四）頃から、内藤家の被官に対し仮名書出を授与するなど（『萩藩閥閲録』遺漏巻三　真鍋長兵衛文書）、次第に政治の表舞台に立ち始め、翌天正十三年（一五八五）からは、単独で輝元の副状を発給するまでに至ります（『熊毛神社文書』）。以降道可は、主に長門国方面における輝元からの指示をこなし、内藤家当主としての地歩を固めていきました。

ところが上申書によれば、道可は、天正十七年（一五八九）に不行跡が募り、これに業を煮やした養父隆春らが事の次第を輝元に訴え、その結果、道可は領国を追放されてしまったというのです。たしかに、天正十七年と推測される七月十九日付けで高山道保に宛てた輝元の副状発給を最後に、輝元と道可の関係は史料上途絶えてしまいます（『萩藩閥閲録』巻一六九　山田吉兵衛家来　高山長左衛門文書）。また、天正十九年（一五九一）の惣国検地に基づいて作成された『毛利氏八箇国御時代分限帳』にも、道可の名は見えません。したがってこの時期に、道可が輝元から追放され、政治的に失脚した可能性は高いと考えます。

道可の不行跡とは、妻を疎み、養父隆春に不義理を働き、さらには、家中の罪無き者を切り殺すなどの傍若無人な振る舞いであったと上申書では述べられています。はたしてこれらは、事実を正確に伝えているのでしょうか。というのも、対立する相手に対し、悪逆非道のレッテルを貼るのは、古今東西を問わず、自身の行動の正当化を図る際に、よくよく見られる行為だからです。

だとすれば道可は、養父隆春と一体何を争っていたのでしょうか。残念ながら、この間のはっきりとした事情を物語る史料はなく、確かなことはいえません。しかし、道可の初見史料として先に紹介した起請文の中に、そのあたりの事情を推察させる内容が含まれているのではないかと考えます。

天正九年と推測される十二月二十八日付けの起請文で、道可は輝元の重臣榎本元吉に宛てて、「養父隆春に実子が生まれたら、輝元様が直接隆春の知行をその子に遣わし、内藤本家を継がせるとのことです。このことはけっして粗略にいたしません」と誓っています。つまり道可は、隆春に実子が生まれた場合、ただちに家督を譲らなければならない、いわば中継相続の立場にあったのです。

なお、この起請文の冒頭には、「段々被仰候趣御尤候」との文言があり、輝元からの指示で作成されたことがわかります。恐らく輝元は、隆春の実子誕生をめぐって、将来内藤家に亀裂が生じうることを危惧し、その防止に努めようとしていたのでしょう。しかしながら、結局は隆春に実子（元家）が誕生したことで、次第に両者の関係が険悪になり、やがて輝元が介入するほどの家中騒動に発展したのではないでしょうか。元家の誕生から、道可が追放刑に遭うまで八年の開きがあるので、そこにはまた別の要因を想定すべきかもしれませんが、ひとまず上申書からは、道可と養父隆春との間に何かしらの争いがあったことが窺われます。

続けて上申書では、自分たちは道可と親子だが、面目を失わせて道可を追放させた母と同居しているので親子不和なのであると説明しています。

第三条では、道可追放後の経歴を説明した上で、とにかく自分たちは父の大坂籠城とは無関係であり、この件を誰に尋ねて貰っても構わないと主張しています。

以上、道可の子息である内藤・粟屋両名の上申書を検討しながら、「佐野道可」の実像に迫ってみました。その結果、道可は天正十七年に輝元から勘気を蒙り、追放刑に処されていたことが判明しました。したがって、輝元と道可が密接な間柄にあったとする史料①の内容に信憑性はなく、牢人として拠り所のない道可は、輝元の意志とは無関係に大坂籠城を行なったことがわかります。

＊「佐野道可一件」は、道可の妻子処遇をめぐって幕府との間で交わされた六通の書状を張り継いで一紙にまとめた史料である。本史料がいかなる契機で編纂されたのか、その詳細は不明だが、あるいは内藤家の再興時に、毛利家側が御家断絶の経緯を調べるためにまとめたものかもしれない。

2 密書の内容は真実か？

派兵説のもう一つの論拠は、福原広俊が、吉川広家に宛てたとする二通の密書（史料③④）です。今度はこちらについて検討してみましょう。典拠は『吉川家譜十七』（東京大学史料編纂所所蔵）所収の写しで、やはり原本は存在しません。

まずはこの二通の文書の特徴に触れておきましょう。写真をご覧下さい。

「シフモニツミテニカサ大／トコモニカイギ一ロソケア／へ上セ儀ノコロソサ御テニツジ／ノヱイ御ハ候シフモレモ／ザゴニキト此シイダ一御／クカイサ御ルザライロソ……」とあり、これ以降も全文をカタカナで綴った特異な文章が続きます。また、一見したところでは全く文意

慶長二十年二月二十七日付け吉川広家宛福原広俊書状写（部分）

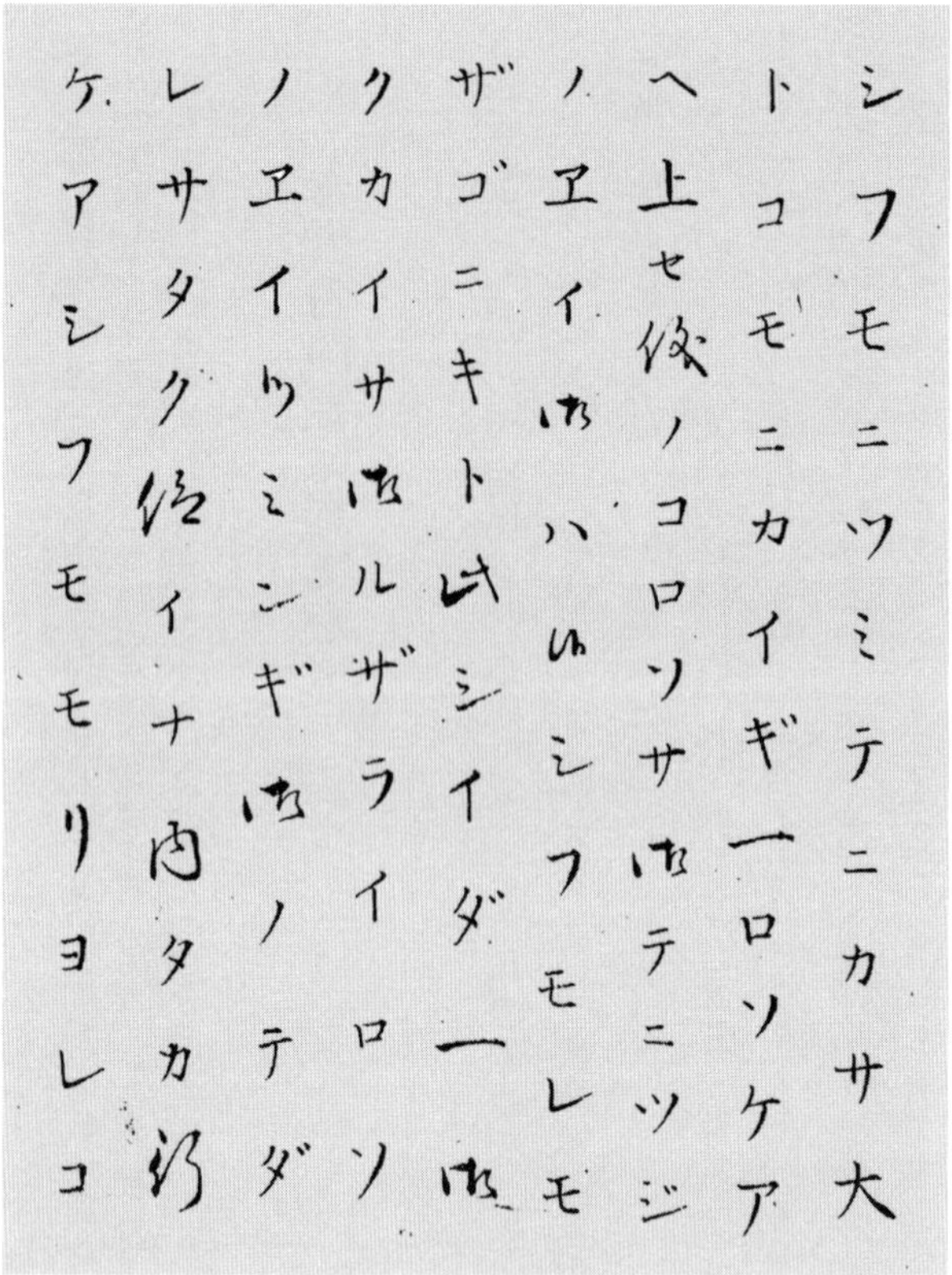
シフモニツミテニカサ大
トコモニカイギ一ロソケア
へ上セ儀ノコロソサ御テニツジ
ノヱイ御ハ御ミフモレモ
ザゴニキト此シイダ一御
クカイサ御ルザライロソ
ノヱイツミシギ御ノテダ
レサタク候イナ内タカ候
ケアシフモモリヨレコ

（東京大学史料編纂所所蔵）

を取ることが出来ません。

実はこの書状は、下から上の順に読み返すことで、初めて意味が浮かび上がってくるのです。したがって、前述の文章は

「大サカニテミツニモフシ／アケソロ一ギイカニモコト／ジツニテ御サソロコノ儀セ上へ／モレモフシ候ハ御イヱノ／御一ダイシ此トキニゴザ／ソロイラザル御サイカク

（大坂にて密に申上候一義如何にも事実にて御座候、この儀世上へ洩れ申候は御

家の御一大事此時に御座候、要らざる御才覚）……」となります。戦国期の密書は数あれども、このような暗号形式で書かれた例は、いまだかつて見たことがありません。

さらに、『吉川家譜』の紙面では、一行につき十字前後とごく短い文字数で改行を施してあり、上も下も十分な余白を残したまま、中央に寄せる形で文章が綴られています。恐らくこれは、原文が小切紙（竪紙を小振りに裁断した紙片。衣服等に容易に忍ばせられることから、内密なやり取りに好んで用いられた）に書かれていたことを表現しているのでしょう。このように、『吉川家譜』所収の二通は、いかにも密書らしい体裁を採って書かれているのです。

それでは内容の検討に入っていきましょう。長文のため、現代語訳のみ掲げます。

【史料③現代語訳のみ】（慶長二十年二月二十七日付け吉川広家宛福原広俊書状写）

私がこの間、大坂の戦場で密かに貴方様に申し上げたことは、確かに事実だったことが判明しました。もしもこのことが世間に漏れ伝わってしまったならば、毛利家の存続が危ぶまれる一大事となってしまいます。それというのも、毛利秀元様が悪知恵を働かせ、毛利家の将来を左右するような決断を、秘密裏に行なっていたからです。具体的には以下のようなことになります。去年の冬のことですが、私が事件の真相について考えたことを、ひそかに秀元様に尋ねましたところ、秀元様は「まったく知らないことだ」とおっしゃいました。しかし、これほどの一大事であるにもかかわらず、その後秀元様はこの件について、何一つ私に御尋ねになりませんでした。このことから、秀元様が嘘を付いていることが私にはわかりました。秀元様には、貴方が横目の花房殿へ届け出をしたことも合せて伝えてあります。かつて関ヶ原合戦の時分、貴方が配慮してくれたおかげで、何とか長門・周防両国の安堵に落ちつきましたのに、今回の事態で、また易々と毛利家を失うことになってしまっては是非もないことです。貴方様が早々此地に参られ、何とぞ家中を取りまとめ、表沙汰にならないうちに事件を解決することが肝要であると思います。昨日真相が判明したばかりですので、直接会って相談したく思います。一日も早く返事を頂きたいので、早くこちらへいらして下さい。そのため、今回の書状を届けるのに早飛脚を用意しました。この内容が漏れることがないよう御油断なされませぬように。かしく。

【史料④現代語訳】（慶長二十年三月三日付け吉川広家宛福原広俊書状写）

先日の書状で、早々こちらへ下向なさるよう懇願致しましたが、貴方様は病気を理由に御延期なさるとのこと、本当に困ったことです。秀元様の企みがいよいよ明らかになってきました。具体的には、もしも大坂方が勝利した暁には、毛利家が以前領有していた八ヶ国に加えて、備前・美作を加えた十ヶ国が下賜されるとの約束を秀元様が豊臣方と交わし、その結果、毛利家からは兵糧一万石代として黄金五百枚と兵員を豊臣方に援助したとのことです。さらには今後時期を見計らって、毛利を名字とする者たちも大坂に入城させることを秀元様はお決めになったと言います。去年の冬の陣では、味方する大名衆など誰一人いないまま、豊臣方はなんとか講和に持ち込んだものの、今回新たに大坂城の堀・石垣まで破却することが決定し、春・夏とこれ以上籠城を続けるのならば、豊臣家の滅亡は間もなくだろうとの風聞がにわかに聞こえてきていますが、確かにその通りだろうと私も思います。たとえ烏の頭が白くなり、あるいは白鷺が黒くなろうとも、豊臣方の勝利という事態は決してありえません。それなのに今回、秀元様やその他二〜三名、そこに近習六名が加わって密談し、豊臣方への援助を決めたとのことです。一方、秀元様から相談を持ちかけられなかった者たちは、特に腹を立てています。彼らは今回の件が、輝元様が発案されたのではなく、秀元様のいつも通りの悪知恵であることは間違いないと考えています。また彼らは、大坂城へ籠城させた者たちの妻子から世間へ企みが漏れて、毛利家が滅んでしまいかねない事態に陥ったならば、その時は、秀元様をはじめ、その他四〜五人を討ち果たして本望を遂げる覚悟でいます。このように毛利家の一大事であり、御家の存続が今このときにかかっています。御病気で御苦労されていることは重々承知していますが、貴方様が少しでも早くこちらに下向されることを心待ちにしています。何事も手遅れになり貴方様が後悔される事がないようにと思い、またまたきっと申上げます。かしく。

以上のように、二通の密書に書かれている内容は多岐にわたりますが、大まかには次の四つの事項に整理出来ます。

①福原広俊から吉川広家に対し、毛利家中とりまとめのため、再三に渡り下向を要請していること。

②毛利秀元が悪知恵を働かせて、秘密裏に豊臣秀頼への軍事支援を行なったこと。

③秀元の企みが一部重臣層に露見し、毛利家中が動揺していること。

④一部家中の者たちは、もしもの時には秀元を討ち果たす所存であること。

このうち秀頼への軍事支援である「兵員」とは、文中で具体的に明示されていないものの、「佐野道可」の派兵を指すと考えられます。また、この一件の首謀者が輝元ではなく、秀元だと断言されている点については後述します。

さて、二通の密書の内容が、はたして信憑性があるものなのか、ここでは特に、②〜④について、元和元年当時の書状と比較して検討したいと思います。

問題としたいのは、大坂方との内通に関連して、秀元が当時どれほど家中で話題にされていたのか、ということです。④のように、暗殺が囁かれるほど大事になっていたのであれば、どこかに必ずその痕跡が残っているはずです。そこで、関連文書にあたってみると、意外な事実に行き当たります。

【史料⑤釈文】（慶長二十年四月十八日付け今田経忠他六名宛吉川広家自筆覚書）

一、御状返し候か、請取候て御前へあけ候かと之二つハ九右（祖式長好）可申候事、
一、去年当年ニ我々何たる見あて共候て申すこしなと候儀も可有之哉と、各可気遣《きづかうべく》候、大坂御お子（淀君、秀頼）、又大修理おや子（大蔵卿局、大野治長）へ、一字之ふミせうこニなり申候事不申出候、此段ハ帰候て、誓帋《せいし》をかき、各へ見申候へく候、去年さへ是にて候、今年御城わり候て後者、何とて可申候哉、可有推量候事、
一、なから（長柄）にて松斎（糸賀真作）懇ろたて申廻候、此人うつけ物と見え申候間、心得入事にて候よし、はやと（隼人＝吉川家成）へ申候、其元にて可有御尋候、
一、彼もの右之分ニ候間、我等宗瑞（輝元）様を申なし候て、大坂御ゆミやよく成候者、其身も人ニなり、我等か為と存、うかと申廻たる物と存候事、
一、松斎事、しかと此方者来候ハんなと、申候共、しかと〳〵申留候へく候事、
（後略）

この文書は、慶長二十年四月十八日付けで吉川広家が、自分の臣下に宛てた指示書の抜粋になります（『吉川家文書』七〇八）。

第一条には、「手紙を受け取らずにそのまま相手方に返すか、或いは受け取って家康様に提出するかは、祖式長好に伝える」と書かれています。ある手紙の取り扱いをめぐって、広家が大変慎重な選択を迫られていたらしいことがわかります。

第二条に、手紙の送り主について、具体的に書かれています。「豊臣秀頼親子が、去年に続いて今年も私に何か手紙を寄こしてくるかもしれないので、各々注意しておくように。もちろん私は彼らに対し、一文字でさえも返信を出してはいないし、その他連絡を取り合ったという証拠もない。このことは帰国したら起請文に書いて皆の前で必ず誓うつもりである。去年でさえこのように連絡等一切交していないのに、今年、大坂城を破却した後で、私がどうしてわざわざ弱り目の豊臣方と内通するのだろうか、そんなことはあり得ないと察してほしい」とあります。このことから、手紙は秀頼からのものだったことがわかります。明示されていませんが、内応を呼びかけるものだったのでしょう。

ここで注目されるのは、広家がわざわざ起請文を持ち出して、自身の潔白を訴えていることです。「去年さへ」とあることから、広家の周囲では開戦直後から豊臣方と内通しているとの噂が立っていたことが窺えます。たとえ根も葉もない噂であっても、一端広まってしまえば、真実と受け止められて、自らの政治的地位を揺るがしかねません。したがって権力者にとって、どのように噂を防ぐか（あるいは払うか）は死活問題でした。そこでさまざまな噂の対処法が編み出されたわけですが、その一つが起請文で神慮を問うことだったのです（酒井紀美『中世のうわさ――情報伝達の仕組み』吉川弘文館、一九九七年）。

第四条には、そのような噂を、実際に広める者がいたことを記しています。「大坂に居る松斎が、『広家は、輝元様に対し豊臣方に味方するよう促し、その結果、もしも豊臣方が勝利するならば、輝元様の名声が高まり、ひいては自分の名誉にも繫がると考えている』と、不注意にも触れ回っている」とあります。松斎は本名を糸賀真作と言い、のちに毛利家の江戸留守居役を務める人物です。はたして糸賀がどのような目的から、広家を貶めるような讒言を行なっていたのかはよくわかりません。とにかく広家は、糸賀に対しては怒り心頭で「うつけ物」と罵り（三条）、糸賀が国許に戻って来ようとしても押し留めるよう繰り返し厳命しています（五条）。

さらに、広家に対して誹謗中傷を行なう者は、毛利家中の外にも居ました。広家は同時期、別の書状の中で、「『南宮拵』のことについて、『大坂衆』が内々に私の悪口を言っている」と書いています（『吉川家文書』七〇九）。「南宮拵」とは、慶長五年（一六〇〇）の関ヶ原の戦いの際に、南宮山に陣取る広家が、家康に内通していて自軍を動かさなかったという有名なエピソードを指しています。つまり広家は、大坂方の城兵から、十五年も前の関ヶ原での裏切り行為をなじられていたのです。なお、このように戦場において、相手方を罵る挑発の作法を「言葉戦い」と総称し、悪口雑言を広めて敵勢の士気を下げようという心理作戦の一つでした（藤木久志『戦国の作法――村の紛争解決』平凡社選書、一九八七年）。

広家に浴びせられた悪口雑言を、取るに足らないものだと軽んじてはならないでしょう。というのも、折しも広家の元には秀頼から手紙が届いて家中で話題にされていたのですから、広家が豊臣方と内通しているのではないかと疑っている家中の者は、「南宮拵」から関ヶ原を振り返り、その印象を一層強くさせたことでしょう。広家にとってこの言葉は大変重く響いたはずです。

以上のように、豊臣方との内通に関して、当時噂の渦中にいたのは、密書の指し示す秀元ではなく、ほかならぬ広家自身でした。管見の限りで、秀元が豊臣方と内通していると、当時家中で話題となっていたとする史料は、『吉川家譜』所収の密書以外に見出すことはできません。それにもかかわらず、問題の密書は秀元を糾弾するばかりで、こうした広家の周辺事情に関してはおくびにも出していないのです。そこには、御家にとって都合の悪い記事は塗抹しようという、家譜特有の作為性が感じられるでしょう。

それではなぜ密書は、これほどまでに秀元を首謀者として名指しするのでしょうか。実は、広家と秀元は政敵の間柄にありました。両者の対立は根深く、古くは慶長三年（一五九八）の、秀元の所領配分問題から派生しており、これを憂慮した輝元により、たびたび和解が試みられているのです。その後秀元が、次期当主秀就の後見をすることで権勢を着実に増していく中、政治的に冷遇されていた広家は、再び主導権を取り戻そうと、巻き返しを図っていたことが指摘されています（田中誠二「毛利秀元論——萩藩初期政治史研究序説」〔『山口県地方史研究（六九）』一九八九年〕）。このような苦境に立たされていた広家について、後世吉川家の人間は、その正当性と優位さをどうにか主張すべく、史実に改変や脚色を加えながら、『吉川家譜』を編纂したのです。[*] 恐らくこの過程で、秀元こそ佐野道可一件の首謀者であるとする密書が創作されたのではないでしょうか。

*例えば吉川家が、史実に大幅な改竄を加えた軍記『陰徳太平記』を編纂し、これを刊行配布することで、毛利宗家に対抗して家格上昇を狙っていたことが近年明らかにされている（山本洋「『陰徳太平記』の成立事情と吉川家の家格宣伝活動」〔『山口県地方史研究（九三）』二〇〇五年〕）。

おわりに

以上本章では、毛利輝元が「佐野道可」を派兵したとする説の、重要な論拠とされてきた史料について再検討を施しました。その結果、輝元による道可の派兵はなかったことを論証してきました。

それでは、どのような心境で、輝元は大坂の陣に臨んだのでしょうか。最後にこの点に触れて論考を閉じたいと思います。

輝元は、慶長十八年(一六一三)十二月、日頃険悪な間柄にある広俊と秀元の両名に、江戸における秀就の教育を委ねた上で、全部で二十一ヶ条に渡る訓戒状を与えています(『毛利家文書』一一五七号)。その中の第一条において、「ただただ私が望むのは、両御所(家康・秀忠)様が信頼なさっている大名衆や、その他、特に目をかけていらっしゃる家中の者たちの行規が何よりの手本であるから、彼らを真似ることである」と述べています。今後、家を次世代に継承させていくためには、戦国乱世のように武力で活路を切り開くのではなく、平生徳川家から気に入られるよう振る舞うことが何より重要であると輝元自身が納得し、それを奨励している様子が窺えます。だからこそ、家中間対立などしている場合ではないというのが輝元の本意なのでしょう。

輝元のこの思いは、終生変わることはありませんでした。大坂の陣を間近に控えた慶長十九年（一六一四）十二月二十一日にも、輝元は秀元の臣下に宛てて、「①今度の合戦は徳川方につくと決めたのだから、これに同意し、たとえ何が起ころうとも、家中が一致団結して事にあたらなければならない。②秀元と広家の間柄については色々聞き及んでいるが、このたびは秀就の初陣でもあり、たとえ意に沿わぬことがあっても、双方がよく話し合って秀就を補佐していかなければならない。③広俊と秀元の仲もこれまた悪い。とにかく三人の協力がなくては御家の存続など望めないのだから、身上を惜しまず働いてくれることを頼み入る」と綴っています（『毛利家文書』一一六〇号）。そこには豊臣秀頼に対する同情も、天下を見据えた野心というものもまた窺うことはできません。やはり徳川家への追従こそが毛利家の存続にとって第一であり、そのためには家中が協力して事にあたってほしい、というのが輝元にとって嘘偽りのない素直な心情だったのです。

あとがき

本書は、豊臣秀吉関係文書研究会（豊臣研）の活動成果をもとに編まれたものである。前著『消された秀吉の真実――徳川史観を越えて』（柏書房、二〇一一年）に続く、二冊目の論文集になる。史料を読み込む作業を通じて、一般向けに平易な叙述でありながら、論文集としての質も確保しようという試みは、本書も同様である。

前著はありきたりの内容ではないという自負はあったが、一般書としてはやや堅すぎるのではないか、研究者にはかえって敬遠されるのではないかという不安もあった。実際、刊行直後に開催されたある学会で販売したところ、多くの人が手に取ったものの、ほんの数冊しか売れなかったこともあった。やがて各所で話題となり、売れ行きも好調となる。当初の不安は徐々に消え、さまざまな反応・評価を目にするようになった。こうした中には好意的なものもあり、批判的なものもあるのは当然だが、気になったのは「学界の検証を経ていない内容を、一般書で展開するのはいかがなものか」という趣旨の批判である。

しかし、一般書と研究書との境界は、現在ではほとんどなくなっていると言っていい。代表的な一般書である新書であっても、研究史を踏まえ、史料の出典を明らかにし、分析した上で新事実を提出したり、新説を打ち出したりするものが少なくない。むしろこうした書籍を、学界が積極的に「検証」すべきなのである。

近年、「新発見」「新事実」と称するマスコミ報道の中に、首をかしげざるを得ない内容があるのは事実である。しかし、前著や本書がこれと同一視されるのは不本意である。われわれは主張の根拠を明示し、時には先行研究を厳しく批判しながら、自説の独自性や特徴を説明している。すなわち考察の過程という、いわば手の内を明かすことによって、読者は史料の読み込み方を学ぶと同時に、本書の内容を検証することができるのである。よくある概説書とは違い、これこそが本書の特徴であり、読者もまたこうした書籍を望んでいるのではないだろうか。それは、一方的な言いっ放しの「新発見」「新事実」とは、次元が異なるはずである。

柏書房の小代渉さんには、前著に引き続き、本書でも企画段階からさまざまなアドバイスをいただいた。小代さんの熱意がなければ、本書の刊行はなかったと思う。厚く御礼申し上げたい。

本書は文部科学省科学研究費補助金「法令・人事から見た政策決定システムの研究」（二〇一一～二〇一四年度「基盤研究A」、課題番号二三二四二〇三七、研究代表者山本博文）の研究成果の一部である。

二〇一三年一月

山本博文
堀　新
曽根勇二

【執筆者紹介】 執筆順。*は編者。

*山本博文（やまもと ひろふみ）
1957年生まれ。東京大学大学院情報学環教授

*堀　新（ほり しん）
1961年生まれ。共立女子大学教授

遠藤珠紀（えんどう たまき）
1977年生まれ。東京大学史料編纂所助教

片山正彦（かたやま まさひこ）
1973年生まれ。市立枚方宿鍵屋資料館学芸員

千葉一大（ちば いちだい）
1971年生まれ。青山学院大学講師

佐島顕子（さじま あきこ）
1963年生まれ。福岡女学院大学教授

*曽根勇二（そね ゆうじ）
1954年生まれ。横浜都市発展記念館

白根孝胤（しらね こういん）
1970年生まれ。徳川林政史研究所研究員

堀　智博（ほり ともひろ）
1979年生まれ。東京大学史料編纂所学術支援職員

偽《いつわ》りの秀吉像《ひでよしぞう》を打《う》ち壊《こわ》す

2013年2月10日　第1刷発行

編　者　　山本博文・堀新・曽根勇二

発行者　　富澤凡子
発行所　　柏書房株式会社
東京都文京区本駒込1-13-14（〒113-0021）
電話（03）3947-8251［営業］
（03）3947-8254［編集］

装　丁　　原田恵都子（ハラダ＋ハラダ）
組　版　　有限会社一企画
印　刷　　壮光舎印刷株式会社
製　本　　小髙製本工業株式会社

ISBN978-4-7601-4217-0